IMPRESSIONS DE VOYAGE.

A. DOMINIQUE.

EXCURSIONS
EN
PROVENCE

IMPRESSIONS DE VOYAGE.

TOULON
IMPRIMERIE E. AUREL, RUE DE L'ARSENAL, 13.
1866.

IMPRESSIONS DE VOYAGE.

I.

DE TOULON A PORT DE BOUC.

I.

PILE POUR L'EST, FACE POUR L'OUEST. — DE TOULON
A MARSEILLE.

Je suis superstitieux ; tel étant, je ne fais jamais chose de quelque importance, sans avoir, au préalable, jeté en l'air un gros sou, pour agir selon qu'il retourne *pile* ou *face*.

Or, un voyage d'agrément avait à mes yeux une assez grande importance, et point n'était le cas de me départir de mon habitude de consulter le Dieu Hasard.

Depuis longtemps je désirais visiter Nice et ses environs ; je me berçai du doux espoir que le Hasard flatté de ma condescendance à ses arrêts, se ferait un devoir d'être complaisant.

Une fois bien décidé que *pile* indiquerait la route de l'*est* et *face* celle de l'*ouest*, je jetai mon sou en l'air.

Oh ! qu'il fut long à retomber. Enfin il retentit, avec un bruit argentin, sur le marbre de ma cheminée ; cette particularité me parut d'un heureux augure.

J'avais fermé les yeux ; tout palpitant je les rouvris......

Dérision ! Il retournait *face* !

L'*ouest*, c'est-à-dire Marseille ; Marseille avec sa foule et son bruit ; ses environs pleins de poussière et de fumée de charbon ; avec sa banlieue aux chemins creux, aux enclos interminables ; Marseille d'où le choléra faisait fuir les habitants par centaines ; Marseille enfin que je connaissais déjà.

Convenu que la perspective n'était pas agréable, on comprendra le désir de révolte qui s'empara de toutes mes facultés.

Toutefois, un vieil adage qui me traversa le cerveau :

Il est avec le ciel des accommodements,

me suggéra un biais qui me permettait d'obéir tout à la fois à l'oracle et à mon antipathie pour Marseille.

L'*ouest*, me dis-je, puisque c'est absolument vers ce point que je dois me diriger, n'est pas seulement la cité Phocéenne ; je puis, à mon gré et sans transgresser la sentence du Hasard, rester en deçà ou pousser au-delà.

Ce raisonnement d'une logique irréfutable me réconcilia avec mon Dieu rétif et *je fis mes malles* : un sac de nuit gros comme un *cartable* d'écolier et un parasol.

Je n'avais que huit fois vingt-quatre heures à dépenser ; c'était peu ; mais je me promis de voir bien ce qu'il me serait permis de voir.

Avant de commencer le récit de mon Odyssée et pour n'avoir plus à revenir sur ce point, je dois faire un aveu. Ce voyage a été mon premier voyage ; tout m'a étonné, tout m'a surpris ; rira qui voudra des étonnements naïfs dans lesquels je suis tombé et que je relaterai scrupuleusement.

Je quittai donc Toulon, à midi, par une belle journée de juillet ; quiconque habite ou habita nos contrées comprend ce que c'est qu'une belle journée de juillet, à midi ; c'est dire : pas la moindre brise, soleil à plomb sur nos têtes et 34 degrés à l'ombre.

Cette chaleur tropicale était moins sensible cependant en wagon où l'air, violemment déplacé par la rapidité de la locomotion, se maintenait dans un état de fraîcheur relative.

La ligne de Toulon à Marseille est un long et magnifique panorama. La route suspendue sur les dernières ondulations des collines qui baignent leurs pieds dans la Méditerranée, a pour horizon l'infini et, pour étapes, au premier plan, toutes ces ruches en pleine activité qu'on nomme : La Seyne, Bandol, la Ciotat, etc., etc.

La Seyne d'abord, accroupie au fond de l'une des plus belles rades de l'univers : La Seyne, naguère encore bourg misérable, et contenant aujourd'hui plus de 12,000 âmes, grâce au mouvement industriel qu'y a imprimé l'établissement des *Forges et Chantiers de la Méditerranée*, immenses ateliers où toutes les nations de l'Europe viennent faire construire ou réparer leurs navires de commerce ou de guerre.

C'est de ce port que sont sorties plusieurs des frégates blindées italiennes qui ont pris part au combat naval de *Lissa*, sauf toutefois le *Re d'Italia* et *il Affondatore* ; l'Amérique et l'Angleterre avaient construit ces navires de pacotille.

Où diable la pacotille va-t-elle se fourrer ?

Tout le monde sait ce que c'est que la pacotille ; depuis mon bottier jusqu'à votre horloger, tous les fabricants, tous les marchands en font et en vendent.

Mais se serait-on jamais imaginé que les constructeurs de navires abordassent ce genre : cela est pourtant.

Voyez d'ici les Américains et les Anglais faisant *sur commande* des frégates blindées, et, *à la morte saison*, fabricant des navires de pacotille pour les gens pressés.

Avis aux nations belliqueuses : qu'elles s'adressent désormais à des *maisons de confiance*.

L'Arsenal maritime de Toulon, d'une part, et, de l'autre, les Ateliers de La Seyne, s'étendant l'un vers l'autre, comme ils le font, sur les bords de la rade, relieront bientôt Toulon et La Seyne par une ligne non interrompue de constructions.

Et qui sait si nos arrière petits-fils ne verront pas un jour ces deux villes n'en former qu'une.

Les pessimistes riront peut-être de l'hypothèse ; mais elle pourrait devenir chose réalisable, si le percement de l'isthme de Suez donnait au port de Toulon l'importance commerciale à laquelle il aspire et qu'il est en droit d'espérer par sa position, sa sûreté et ses commodités.

Saint-Nazaire réduit jusqu'à ce jour au rôle de lieu de refuge pour les bateaux de pêche, va voir enfin ses vœux exaucés par le creusement de son port et la construction de quais. Ces améliorations depuis longtemps réclamées, permettront aux navires de commerce surpris par le mauvais temps, de s'abriter efficacement et apporteront les éléments d'une plus grande animation dans cette petite localité.

Bandol qui longtemps a gardé le monopole de la tonnellerie et qui maintenant encore fabrique la plus grande quantité des fûts qui servent à l'exportation de nos vins et aux besoins de toute nature et sans cesse renaissants de l'Arsenal de Toulon.

Mais, sur ce point, ce qui frappe tout d'abord, c'est l'aspect ravissant du golfe de Bandol ; de cette plage unie et sabloneuse où les vagues viennent s'éteindre en murmurant et de cet horizon sans limites où l'azur de la mer se fond dans l'azur du ciel.

Cependant la locomotive qui ne se laisse pas arrêter par les désirs du touriste qui voudrait contempler encore, a poursuivi sa route, et nous passons presque sur les toits de *Saint-Cyr*, petite bourgade pelotonnée au fond d'une vallée que les remblais du chemin de fer ont transformée en immense bassin.

Ici, mais pour quelques instants seulement, l'industrie cède le pas à l'agriculture : l'aspect des terres change ; ce ne sont plus ces terrains tourmentés où les roches sont à peine recouvertes d'une légère couche de terre caillouteuse qui ne permet que la culture de *l'immortelle* ; cette fleur est à la vérité une source de richesses pour le pays, mais je préférerais voir partout froment et pâturages.

Sur le terroir de Saint-Cyr, la terre paraît plus grasse et plus fertile ; les champs sont verts, l'olivier est vigoureux, la vigne aux pampres épais s'étale en longs colliers d'émeraudes, et, de temps à autre, sous une lumière poudroyante, on entrevoit hommes et bêtes broyant les épis sur des aires d'un jaune d'or.

Nous nous sommes écartés un moment du bord de la mer pour toucher à Saint-Cyr ; la locomotive reprend sa marche après quelques minutes d'arrêt, et nous voilà entraînés vers *la Ciotat*.

Comme La Seyne, La Ciotat doit sa prospérité à sa proximité d'un grand centre et à sa position au fond d'une large baie abritée du mistral par des rochers gigantesques qui affectent les formes les plus bizarres.

C'est à la Ciotat que la grande Compagnie des Messageries impériales a établi ses chantiers de construction et de réparation des paquebots ; c'est de ce port que sont presque tous sortis ces palais flottants qui sillonnent la Méditerranée, de Marseille à Alger et de Smyrne aux Colonnes d'Hercule.

En quittant la Ciotat, nous nous dirigeons vers Cassis ; le nom de ce village ne réveille en moi qu'un souvenir, celui d'un petit vin blanc délicieux : *le vin de Cassis*, dont les étiquettes font le tour du monde. Comme tous les vins de quelque réputation, le vin de Cassis se trouve dans toutes les caves, sur toutes les tables et on le boit de confiance — la foi sauve. — Mais les quelques centaines de *milleroles* que produit peut-être ce vignoble, sont consommées par quelques privilégiés qui seuls pourraient dire la vérité sur ce cru exceptionnel.

De Toulon à Marseille, la voie passe sous cinq tunnels ; à Cassis nous avions déjà laissé derrière nous les moins importants ; il en restait deux dont le dernier est une véritable merveille.

De Cassis à Aubagne, la ligne s'enfonce dans les terres, en ligne droite, du sud au nord, et c'est avant d'arriver à Aubagne que le train s'engouffre dans le dernier passage souterrain.

La locomotive est lancée à toute vitesse ; tout-à-coup la nuit succède au jour ; l'air devient plus frais et humide ; pendant trois minutes environ, c'est l'obscurité la plus complète au-dehors des voitures ; au-dedans, le silence le plus absolu ; les conversations s'arrêtent, l'attention est surexcitée, les cous sont tendus et tous les yeux, fixés sur les parois invisibles de la voûte qui nous étreint, attendent qu'un éclair fugitif de lumière intermittente, glissant sur les aspérités du granit, vienne annoncer l'orifice du tunnel.

Notre train se croise avec un autre train ; c'est l'affaire d'une seconde ; on ne distingue rien et le bruit seul des roues sur les rails devenu plus intense et plus strident fait seul comprendre qu'une file de trente vagons peut-être, vient de passer à nos côtés, comme aurait passé un boulet.

Sans transition sensible, on émerge au grand jour ; les poitrines semblent délivrées d'une oppression pénible ; on se regarde en souriant, puis.... on n'y pense plus.

Personne certes n'a eu peur ; mais la nature vaincue est encore terrible, et l'homme est effrayé de ce qu'il a fait.

Au sortir du tunnel, la voie forme le fer à cheval, et nous voyons bientôt, parallèlement à notre route, le point d'où nous sommes sortis ; l'élévation de la montagne que nous venions de traverser m'a paru être d'environ 100 mètres à partir du niveau du rail-way ; ses flancs sont nus et ravinés ; on dirait que, percée au cœur, elle est morte.

Si la traversée de cette montagne laisse dans l'esprit des voyageurs une impression pareille, quelle sera donc celle que produira sur eux la traversée du mont Cenis, lorsque cette œuvre de géant sera accomplie.

Je demande pardon de mon enthousiasme à ceux qui sont habitués à ces spectacles ; lorsque l'homme parvient à renverser ces obstacles, insurmontables au premier coup d'œil, qui s'opposent au libre exercice de sa volonté, je suis plus que jamais convaincu que l'homme est roi et maître de la création et je me sens tout fier, quoique impuissant moi-même, d'appartenir à cette espèce humaine qui ose concevoir et entreprendre de si grandes choses. C'est naïf, mais j'ai prévenu mes lecteurs.

Pendant que j'étais en contemplation devant cette masse de granit percée à jour, le convoi avait traversé la gare d'Aubagne et se dirigeait à tire-d'aile vers Marseille.

La ville d'AUBAGNE, située à 17 kilomètres, par voie ferrée, du chef-lieu des Bouches-du-Rhône, est, sans contredit, une bien jolie petite localité. Son terroir, l'un des plus productifs et des mieux cultivés de la contrée, est le jardin de Marseille. C'est d'Aubagne que sortent tous les fruits, tous les légumes dont s'approvisionnent les marchés de la grande ville.

Ce serait un véritable Eden, si le climat plus favorable permettait aux primeurs de se produire ; mais justement parce qu'ils sont plus tardifs, les fruits n'en sont que plus savoureux, je n'en nommerai qu'un : *la pomme reinette d'Aubagne*.

A quelques lieues d'Aubagne, — je ne les cite que pour mémoire — se trouvent un village et un bois dont le nom était pour nos pères le synonime de repos et de frayeur tout à la fois. C'est Cuges et le bois qui l'entoure.

A l'époque où les diligences lourdes et surchargées pouvaient à peine se mouvoir sur les routes défoncées, sillonnées d'ornières pareilles à des précipices, le trajet de Toulon à Marseille durait douze longues heures : ce voyage était une affaire à laquelle on se préparait longtemps à l'avance ; les bons bourgeois faisaient leur testament, les bonnes femmes allaient à confesse, et chacun s'entourait de munitions de bouche et de guerre.

Avant d'arriver à Cuges, la diligence traversait une partie du bois dont la réputation rivalisait avec celle de la vieille forêt de Bondy ; à Cuges, nos pères déjeunaient pour réparer leurs forces ébranlées par six heures de cahots et par les frayeurs éprouvées, et pour se prémunir contre une deuxième édition des mêmes vicissitudes.

Aujourd'hui, les routes sont belles, les diligences plus légères, le voyage se fait en sept petites heures et le bois de Cuges est réhabilité.

L'horizon s'élargit de nouveau ; la campagne, arrosée par la fraîche rivière de l'Huveaune, se métamorphose en jardins. Nous entrons dans la banlieue de Marseille ; les villas se succèdent et respirent l'opulence et le confortable; le convoi traverse sans s'y arrêter bon nombre de petites gares, et nous allons si vite, que l'on peut à peine lire sur les poteaux : Camp-Major, La Penne, Saint-Menet, Saint-Marcel et La Pomme.

La locomotive mugit ; on dirait un cheval qui hennit à l'approche de l'écurie ; mais au contraire du cheval, elle diminue son emportement; et bientôt nous arrivons au milieu de ce dédale de voies, de hangards, de piles de combustibles, et de trains parqués qu'on nomme la gare des marchandises.

Un contrôleur vient complaisamment nous débarrasser de nos billets, et le convoi, cahin-caha, roule vers la gare des voyageurs.

Nous voici enfin à Marseille.

II.

MARSEILLE, 1 HEURE 30 D'ARRÊT. — MON DIEU HASARD PREND FORME ET FIGURE. — J'AI DÉSORMAIS UN MENTOR ET MON VOYAGE UN BUT DÉTERMINÉ. — MARSEILLE.

Sitôt le train définitivement arrêté, la voix glapissante des facteurs cria, sur tous les tons, aux voyageurs qui devaient poursuivre leur route :

— Marseille, 1 heure 30 d'arrêt.

C'est trop ou ce n'est pas assez, 1 heure 30 minutes ; si l'on est pressé d'arriver, ce temps paraît d'une longueur interminable et l'on n'ose s'écarter, de crainte que quelque complication fâcheuse vous mette en retard.

Si, au contraire, quelques affaires vous forcent à descendre dans Marseille, vous faites tout à la hâte, partant tout à-demi, vous craignez de manquer le départ du train, vous remontez à la gare tout essoufflé ; et, arrivé trois quarts d'heure à l'avance, vous êtes tout désappointé de trouver encore le temps de languir ; cependant, au moment de monter en vagon, vous vous apercevez, mais trop tard, que vous avez oublié la plus importante des affaires qui vous avaient fait quitter la gare.

Moi qui n'étais ni pressé d'arriver, ni affairé dans Marseille, j'allai m'asseoir sur la terrasse du buffet et me rafraîchir avec mes compagnons de voyage.

Il est temps de parler d'eux.

L'un était un jeune homme d'environ dix-huit ans, l'autre, une jeune et charmante dame dont je tairai l'âge, d'abord, parce que je l'ignore, ensuite parce que, jeune ou vieille, je garderai longtemps d'elle un bon souvenir, en reconnaissance de la peine qu'elle s'est donnée pour fixer mon irrésolution sur le point vers lequel je me dirigerais : j'ai cédé à ses inspirations et bien m'en trouve.

Je ne la rencontrerai probablement plus, j'ignore jusqu'à son nom ; si jamais ces lignes tombent sous ses yeux, puisse-t-elle y lire l'expression de ma vive gratitude pour les bons mais trop courts instants que j'ai passés grâce à elle, et des regrets que j'éprouve de n'avoir pu, en la quittant, espérer au moins de la revoir un jour.

On fait vite connaissance en chemin de fer ; nous nous étions placés dans le même compartiment.

Et jugez à quel point je suis supertitieux ; je ne suis pas éloigné de croire que mon Dieu Hasard, touché de mon obéissance aveugle à ses ordres, s'est incarné, à mon intention, pour me rendre moins fastidieux un trajet vers l'inconnu et pour me conduire par la main vers les lieux que je devais visiter.

Bref, comme je l'ai dit, je liai bientôt conversation avec mon vis-à-vis ; un loup de dentelles à trame épaisse, pendant de son petit chapeau rond, me dérobait ses traits ; mais sa voix était sympathique, ses mains blanches et petites ; tout en elle respirait la distinction.

Bientôt, le soleil l'incommodant dans son coin, je lui offris le mien, elle l'accepta et je me trouvai à ses côtés ; gracieuseté pour gracieuseté sans doute, elle souleva son voile.

Jolie !

Je comprends maintenant que Minerve, pour ne point inspirer de distractions à Télémaque, ait jadis prudemment pris la figure de Mentor : mon Dieu Hasard, si c'est réellement lui qui m'ait accompagné, a moins eu de scrupules.

Mais, si c'est lui toujours, il doit être satisfait de moi ; sa gentillesse et sa gracieuseté m'ont captivé un instant, et, pendant une seconde, une courte seconde, fait passer, devant mes yeux, de folles chimères, mais l'abandon plein de réserve de ses manières, et je ne sais quoi qui inspirait le respect, m'ont fait revenir à des sentiments plus modérés.

Et puis le doute qui m'étreignait......! Cependant le Hasard, même et surtout sous la figure d'une jolie femme, doit avoir des allures plus décousues.

Après les mille banalités d'usage, apéritifs de la conversation, qui s'échangent ordinairement entre un homme et une femme condamnés à rester face à face dans un vagon deux heures durant, ma compagne fort expansive me demanda où j'allais.

— Mon Dieu, madame, lui répondis-je, ma réponse vous mettra dans une gaîté folle :

— Cette insinuation m'engage à répéter ma question.

2

— Puisque vous insistez, je répondrai naïvement que je l'ignore.

— Mais, monsieur, votre réponse, loin de me jeter dans un accès de gaîté folle, m'inspire de la défiance.

— Pourquoi donc, madame ?

— J'ai tout lieu de croire que vous tentez d'abuser de ma crédulité.

Ici, j'éprouvai certaine hésitation à avouer ma superstition ; je biaisai :

— C'est pourtant la vérité, madame ; ressentant le besoin de voyager et n'ayant de prédilection marquée pour aucun point du globe, je me suis jeté dans un vagon, et..... à la garde de Dieu.

— Mais, en ce cas, une fois en gare de Marseille, vous serez très-embarrassé, car il vous faudra forcément choisir une ligne : Cette ou Paris.

— Oh ! madame, je n'ai ni le désir ni le temps d'aller si loin ; tout ce que j'ambitionne c'est de ne point rester à Marseille, et dussé-je ne dépasser cette ville que de quelques lieues, mes vœux seraient satisfaits.

— Vous aimez donc bien les champs ?

— J'aime avant tout le grand air et la liberté.

— Vous trouverez tout cela dans le premier village venu.

— Le premier village venu sera le but de mon voyage.

— Pourquoi donc alors courir si loin de Toulon ; ses environs fourmillent de petites localités charmantes, et vous auriez pu, sans tant de dérangement, vous isoler du bruit et de la gêne des grandes villes.

— Je n'aurais rien à répondre à votre objection, madame, si j'avais seulement désiré m'isoler ; mais mon but principal était de voir et connaître une infiniment petite partie de ce que je n'ai jamais vu ni connu : j'ai parcouru vingt fois les environs de Toulon ; tous ces villages et hameaux copient, involontairement peut-être, la métropole ; on rencontre partout un reflet dénaturé et incolore de ce qu'on ne connait que trop ; ce que je veux, c'est voir un pays qui me soit inconnu, des usages qui me soient étrangers, entendre un accent qui ne soit pas le mien, et, dans notre Provence, point n'est besoin d'aller bien loin ; je vais donc à la garde de Dieu et du Hasard.

— Voulez-vous me permettre, non point de venir en aide à Dieu, mais de me substituer au hasard.

Je dressai l'oreille, on comprend pourquoi.

— Je le permets de tout mon cœur, madame.

— Vous cherchez un pays neuf pour vous ; il est aux portes de Marseille que vous n'avez jamais dépassées, dites-vous ; vous voulez connaître des usages qui vous soient étrangers, entendre un accent qui ne soit point le vôtre ; suivez mes indications ou plutôt suivez-moi ; un village, en temps ordinaire, sera lettre close pour vous, si vous n'avez personne qui vous serve de pilote et d'introducteur ; chacun reste chez soi et le villageois est naturellement peu communicatif, avec les étrangers surtout ; un jour de fête, au contraire, personne ne reste enfermé, les localités à trois, quatre lieues à la ronde, fournissent chacune son contingent de désœuvrés ; le village tout entier est dans la rue, et, sans incommoder personne, vous qui aimez vos aises, vous étudierez le pays en suivant la foule, et la foule en vous mêlant à elle. Que pensez-vous de mon avis ?

— Chacune de vos paroles me trouve convaincu, madame, veuillez continuer.

— A quelques lieues d'ici, par delà Martigues, à l'embouchure du canal d'Arles et sur les bords de la mer, se trouve une petite ville, Port de Bouc, qui vient d'être érigée en commune. Ses habitants fêtent cet heureux changement apporté à la position du pays. D'Arles, de Martigues, de Foz, d'Istres, de tous les environs en un mot, descendront demain des essaims de jeunes gens attirés par les réjouissances promises. Je puis vous prédire que vous trouverez là tout ce que vous désirez si vivement.

— Mais, madame, pour savoir tout cela, il faut que vous soyez du pays même dont vous parlez.

— Je ne suis pas de Port de Bouc ; mais j'y vais passer quelques jours, auprès de la famille de mon neveu que voilà, et qui est venu m'attendre à mon passage à Toulon.

— Je me rends à votre avis, madame ; je vais décidément à Port de Bouc, certain de trouver agréables les quelques heures qu'il me sera permis de passer en votre compagnie.

— Oh ! Monsieur, ne comptez pas sur moi pour vous servir de cicérone ; il est plus que probable qu'en arrivant ce soir à Port de Bouc, nous nous dirons adieu pour longtemps sinon pour toujours.

— On ne vous verra donc point à la fête ?

— Peut-être.

Je l'avoue, ce congé net et clair, quoiqu'à effet différé, calma considérablement mon enthousiasme. Mais je réfléchis à ceci, que je n'avais pas quitté Toulon pour ourdir une intrigue ; je me résignai à aller à Port de Bouc pour voir Port de Bouc purement et simplement, et je conclus qu'en somme, j'étais fort heureux de savoir enfin où j'irais.

La conversation que je viens de relater ici tout d'un trait, avait eu lieu à bâtons rompus, puisque commencée peu après notre départ de Toulon, elle ne fut terminée que sur la terrasse du buffet de la gare de Marseille.

En été, lorsqu'on est quelques amis réunis autour d'une table, les heures passent vite, la bière frappée aidant ; mais en compagnie d'une femme, d'une femme surtout aussi positive que ma *Minerve*, on ne peut boire toujours et lorsqu'on a causé pendant trois heures de choses et d'autres, la conversation finit par languir faute d'aliments nouveaux.

Il était quatre heures et nous ne devions remonter en vagon qu'une heure plus tard ; je proposai à mes compagnons de faire une promenade dans Marseille. Après quelques objections soulevées par la possibilité d'un retard, on y consentit.

Cette promenade fut de courte durée, à cinq heures nous partions pour le Pas des Lanciers où nous devions trouver les omnibus de Martigues.

Je n'ai jamais eu la pensée d'écrire une description de Marseille, ni d'établir une comparaison entre le passé et le présent de cette ville, mais je ne pouvais traverser la cité Phocéenne, sans dire un mot du premier port de commerce de la France.

J'avais donc préparé un rapide aperçu de la transformation de cette ville et il aurait trouvé ici sa place, mais le livre de M. O. Teissier : *Marseille sous Napoléon III* avait paru.

Je saisis donc avec empressement l'occasion de céder la place à une plume plus autorisée et plus compétente que la mienne mais je ne ferai que reproduire quelques passages de la préface du livre de M. O. Teissier, historique concis du passé et du présent de Marseille.

« En 1852, la ville de MARSEILLE renfermait 195,000 habitants. Elle expédiait ou recevait 1,928,000 tonnes de marchandises, ayant une valeur totale d'un milliard de francs. Son port, récemment agrandi et toujours insuffisant, ne pouvait contenir tous les navires qui lui arrivaient, par centaines, des cinq parties du monde.

« Mais l'eau (1) ne circulait plus dans ce port encombré de bateaux à vapeur et de navires à voiles ; les immondices de la ville, mêlées à celles des équipages, y formaient un immense foyer d'infection, et Marseille qui recueillait cet air vicié dans ses rues étroites et mal percées, offrait un facile aliment à toutes les épidémies.

---

(1) Il est probable que ce mot est le résultat d'une erreur typographique ; l'auteur n'a pu vouloir dire ce qu'il dit : j'ai dû cependant reproduire son texte quoique j'aie la persuasion que ce soit *l'on* qu'il ait écrit. A. D.

« L'antique Phocée, toute occupée de son commerce et du soin d'approvisionner la France entière, se laissait entraîner par le courant des affaires et ne s'apercevait pas qu'elle vivait dans une atmosphère dangereuse, ou du moins, si elle le remarquait, si elle en souffrait, elle n'avait pas le temps d'y porter remède.

« Le dimanche, jour de repos, les riches négociants allaient respirer un air plus pur dans leurs magnifiques villas du Prado. Le peuple, qui n'a point de villas, demeurait dans les rues de Marseille, cherchant un peu d'ombre sous les allées de Meillan, seule promenade qui fût à sa portée, et encore lui fallait-il traverser l'étroite rue de Noailles, qui ne pouvait contenir la foule des passants, exposés vingt fois par jour à être écrasés par les voitures.

« Du reste, point de monuments à visiter ou à montrer aux étrangers. Des églises trop petites, une bibliothèque reléguée dans une dépendance du Lycée, un Palais de justice indigne de ce nom, un Hôtel-Dieu misérable, les services départementaux disséminés dans cinq ou six maisons, et la Bourse elle-même (ce champ de bataille du commerce) provisoirement installée, depuis cinquante ans, dans une chétive baraque. »

Après avoir, dans quelques lignes, rappelé les diverses phases de la transformation de Marseille, M. O. Teissier la dépeint telle qu'elle est de nos jours :

« La transformation des vieux quartiers, le percement des boulevards et l'établissement des places, des promenades, des squares, ont marché parallèlement avec l'élévation des édifices publics qui manquaient totalement à Marseille.

« Notre ville (Marseille) était si complètement déshéritée à ce point de vue, qu'un poëte marseillais, le très-aimé Méry, que la France vient de perdre, a pu dire avec autant d'esprit que de vérité :

» *Marseille ne possède que deux monuments, mais ils sont splendides, le Soleil et la Mer !* «...

Mais, « elle peut aujourd'hui montrer avec orgueil à l'étranger qui vient la visiter, outre ses 10 ou 12 kilomètres de quais, encombrés de marchandises, et ses vastes bassins où fourmillent des milliers de navires, bon nombre de monuments achevés ou en cours d'exécution.

« Le Palais impérial, la Bourse, le Palais de justice et l'Hôtel de la Préfecture peuvent hardiment soutenir la comparaison avec les édifices les plus admirés des villes de premier ordre et de Paris lui-même.

« La nouvelle Cathédrale sera, sans contredit, le plus beau monument de ce genre qui existe dans le monde chrétien.

« Le château Borelly s'est enrichi d'un parc splendide.

« L'Hôtel-Dieu est aujourd'hui un monument vraiment digne de la grande cité commerçante qui ne pouvait offrir qu'un gîte insuffisant à la classe malheureuse.

« Un vaste édifice, destiné à recevoir le dépôt de nos richesses historiques et littéraires, s'élève près du Lycée impérial auquel on restitue les anciens ocaux de la Bibliothèque.

« Le Musée de peinture et le Museum d'histoire naturelle ont un magnifique palais à Longchamp, monument d'une rare élégance et du plus grand effet artistique.

« Enfin, le Prado, prolongé par le chemin de la Corniche qui suit les contours du rivage de la mer, est complètement livré à la circulation et constitue une promenade incomparable, d'une étendue de 7 kilomètres .... »

« La ville de Marseille a gagné 100,000 habitants en 15 ans, tandis que, pendant les 50 années précédentes, sa population ne s'était accrue que de 84,000 habitants !......... »

« Enfin, le mouvement général du commerce d'importation et d'exportation a pris des proportions extraordinaires, il atteint aujourd'hui le chiffre énorme de 2 milliards 95 millions, ce qui constitue une augmentation de plus d'un milliard sur 1852. »

Je n'ai cité que les passages les plus saillants de ce résumé historique ; mais si la préface du livre de M. O. Teissier (1) présente tant d'intérêt, son livre lui-même où la transformation de Marseille est suivie pas à pas, où sont relatés tous les obstacles renversés, toutes les difficultés vaincues et tous les

---

(1) M. O. Teissier, officier d'académie, correspondant du ministère de l'Instruction publique pour les travaux historiques, a publié plusieurs ouvrages très-estimés entr'autres : *Géographie de la France et de l'Algérie*, *Napoléon III en Algérie*, etc., etc.

moyens employés pour arriver à de si beaux résultats, est une belle page d'histoire et un *vade-mecum* des villes qui désirent se transformer et s'embellir.

III.

DE MARSEILLE A MARTIGUES. — LA GARE DU PAS DES LANCIERS. — UN APPÉTIT FÉROCE. — MARIGNANE ET LE CHATEAU DE MIRABEAU. — L'ÉTANG DE BERRE. — UN DOUTE ÉCRASANT. — UN COURS D'ÉTYMOLOGIE. — MARTIGUES AU PAS DE COURSE.

C'est en poussant un soupir de satisfaction que je remontai en vagon, non point que j'éprouvasse un grand plaisir à me trouver dans une de ces boîtes où l'administration des chemins de fer parque les pauvres comme des moutons, mais parce que je pouvais me promettre d'être bientôt arraché à cette prison.

En effet, demi-heure environ après avoir quitté Marseille et nous être arrêtés une seule fois à la gare de l'Estaque, nous descendîmes du train au PAS DES LANCIERS où les omnibus desservant Marignane et Martigues attendaient les voyageurs.

Ils étaient nombreux les voyageurs, et les voitures n'étaient qu'au nombre de trois seulement ; elles furent prises d'assaut ; j'aurais fait pédestrement le chemin et ne me serais pas empressé de prendre place dans un des omnibus, si ma compagne ne m'avait invité à m'asseoir près d'elle où elle m'avait réservé quelqu'espace.

Je me casai donc entre mon Mentor et un digne ecclésiastique ; en face j'avais une commère de structure phénoménale et d'un sans gêne primitif, qui soulevant ses robes jusqu'à hauteur du genou, fourra incongrument entre mes jambes, des jambes de la grosseur d'un baril d'anchois, en me gratifiant d'un rictus homérique.

Elle devait peser au moins trois cents livres la bonne femme ; je m'extasiai devant son embonpoint : et quel appétit bon Dieu ! Pantagruel se fut retiré du concours : à peine assise, elle ouvrit un large *cabas* et étala sur son giron : pommes, fromages, poires et pain ; je m'attendais à voir apparaître un énorme flacon plein d'un liquide quelconque : il n'en fut rien ; les fruits lui servirent de désaltérant. Et, du Pas des Lanciers à Martigues, une heure et demie durant, elle ne décessa pas de faire fonctionner ses quenottes ; pain et fromage, poires et pommes, tout y passa, sans boire ni respirer.

L'aspect de ce phénomène m'avait un instant distrait de mes réflexions sur le Pas des Lanciers, mais lorsque je fus rassasié et quasi dégoûté du spectacle que ce virago m'offrait, j'en resaisis le fil.

D'où vient le nom de *Pas des Lanciers* donné à la seconde des gares les plus importantes, passé Marseille.

Pas signifie, si je ne me trompe, en vieux langage, un passage étroit et de facile défense en cas d'attaque ; le site n'offre rien d'analogue ; la gare est assise au milieu d'une plaine qui, par une pente insensible, descend vers la mer qu'on ne voit pas encore, entre deux horizons de collines éloignées ;

d'où lui vient ce nom ?..... malgré toutes les recherches que j'ai faites, malgré toutes informations que j'ai prises, je n'ai pu atténuer mon ignorance à cet égard ; à d'autres plus heureux la trouvaille. (1)

En entrant à Marignane, l'omnibus passe à côté du château de Mirabeau ; averti à temps, je me découvris pour saluer au passage un grand nom et une vieille chose.

C'est un grand bâtiment de forme carrée, à deux étages, couronné d'une corniche sculptée ; mais le temps a passé sur le château comme sur toutes choses, il a noirci les pierres, mordu les arrêtes, effrondé la toiture.

Ces croisées vides, à l'aspect morne, produisirent sur moi la lugubre impression que laisse la vue du crâne d'un squelette.

Un demi-siècle s'écoulera à peine qu'il ne restera plus de cet édifice que ce qu'il reste de Mirabeau : des débris et des souvenirs.

Marignane est un petite ville où il règne une assez

---

(1) Et pourtant j'ai un vague souvenir d'avoir lu quelque part que, vers le xiv° siècle, un seigneur, prince ou roi, venant en Provence, attaquer un autre potentat, son rival, s'arrêta sur l'emplacement de cette gare pour attendre un gros de Lanciers, sans lequel il ne pouvait efficacement engager l'action. Les lanciers ne venaient pas et le temps pressait.

Le roi hors de lui trépignait et murmurait :

— Pas des lanciers !.... pas des Lanciers !

Et ce nom est resté à l'endroit.

Avouez avec moi que *se non è vero è ben trovato*.

grande animation malgré son éloignement des grandes artères commerciales qui relient Marseille au centre de la France ; c'est un des points les plus fréquentés par les marseillais en vacances ; peu distant de la gare du Pas des Lanciers et à une lieue à peine de l'étang qui porte son nom, Marignane offre aux riches négociants un juste *mezzo termine* entre les affaires et les plaisirs de la pêche et de la chasse.

Trois vigoureux chevaux emportaient à fond de train notre voiture dont le postillon s'était, au relai, reconforté d'un petit verre de *trois-six* ; mon vis-à-vis accomplissait toujours imperturbablement son œuvre de mastication ; mon Mentor songeait ; mon voisin de gauche, le prêtre, lisait ses offices ; les autres voyageurs dormaient ou bien faisaient comme moi qui regardais.

Bientôt une bande bleuâtre se déroula à mes yeux, entourant toute la partie de l'horizon que mon regard pouvait embrasser ; plus la voiture avançait, plus cette bande s'élargissait.

Je pensai que nous nous approchions de la mer ; bientôt nous fûmes si près du rivage que la route paraissait suspendue au-dessus de l'eau ; mais en même temps qu'il me fut permis de voir les galets de la plage, j'aperçus, à travers une brume transparente comme la gaze, des silhouettes de montagnes par delà l'étendue d'eau qui commençait à nos pieds.

Serait-ce l'étang de Berre ? me demandai-je ; je distinguais en effet, vers le nord, une agglomération de points blancs qui me parût être une ville, mais il me semblait impossible qu'une si grande masse d'eau, unie comme une glace, transparente comme une athmosphère, eut reçu le nom d'étang, mot qui n'offrait à mon esprit que l'image d'un bourbier coupé de çà et de là par de grandes mares d'où émergent des joncs et des roseaux.

Et je ne pouvais établir aucune différence entre ce que j'avais sous les yeux et notre belle et grande rade de Toulon, si ce n'est que cette dernière est moins étendue.

Au-dessous de nous, à l'est, une langue de terre étroite et continue en apparence, séparait de la masse d'eau principale un bassin assez vaste ; je ne pouvais croire que ce fut là l'étang, c'était bien petit.

L'un trop grand, l'autre trop petit.... Comment sortir de mon incertitude ? J'avais grand désir de m'instruire, mais à qui donc m'adresser. A ma compagne ? l'avouerai-je, mon amour propre aurait souffert, si j'avais eu recours à cette femme que je me sentais si supérieure ; à mon vis-à-vis ? il m'aurait répondu la bouche pleine et j'aurais risqué de ne rien comprendre.

Ah ! Je pensai à mon voisin le prêtre et, prenant mon courage à deux mains, je lui dis insidieusement :

— Voilà, monsieur, une belle étendue d'eau.

— Poissonneuse en tout temps et giboyeuse en hiver, monsieur ; vous avez entendu parler sans doute des fameuses chasses aux macreuses de l'étang de Berre.

J'étais désormais fixé ; et à cette question je me rappelai l'humouristique récit d'A. Dumas à propos d'une chasse à laquelle il dit avoir assisté sur cet étang.

— J'ai en effet entendu parler de ces chasses, mais je croyais qu'elles avaient lieu seulement dans cette partie de l'étang resserré entre le rivage et cette langue de terre que nous voyons encore d'ici.

— Cette *barre* ne s'étend pas de bout à bout sans solution de continuité ; toutes ces eaux communiquent entr'elles, mais elles ont reçu trois dénominations ; la première partie, au nord, baigne les murs de Berre et a pris le nom de cette ville ; la seconde, au sud, entoure Martigues et communique à la mer par un grand canal navigable ; la troisième enfin, dont nous venons de parler et qui semble séparée de l'étang principal par cette série de petit flots plats, est appelé l'étang de Marignane.

Cette division qui satisfait l'amour propre de trois localités, en donnant à l'étang le nom de chacune d'elles, n'est cependant pas adoptée par tous les géographes : le plus grand nombre donne au grand étang tout entier le nom d'étang de Berre et au petit, près duquel nous venons de passer, le nom d'étang de Martigues.

— Mais, monsieur, (pardonnez-moi mes questions, je cherch à m'instruire) pourquoi cette masse d'eau qui se trouve en communication avec la mer par un canal navigable, m'avez-vous dit, ne prend-elle pas un nom autre que celui d'étang, en raison de son étendue et de son utilité.

— Son utilité, monsieur, au point de vue de la navigation comme vous l'entendez sans doute, est et sera fort contestable, tant que l'étang sera tel qu'il est ; le fond manque partout ; partout de la vase et une vase épaisse qu'on n'essayerait pas impunément d'entamer avec la proue d'un navire ; elle l'arrêterait infailliblement ; nos pêcheurs, avec leurs barques, comparativement si légères, ont grand besoin de bien connaître les passes pour éviter des accidents.

— Je suis surpris qu'avec les moyens dont l'industrie dispose, on n'ait encore point songé à creuser là un port qui n'aurait pas de pareil au monde.

— Je vous arrête là, monsieur, on y a beaucoup songé ; et vous abordez une série de questions qui ont soulevé bien des divergences ; mais Berre et Martigues avaient à lutter contre Toulon et Marseille et l'éternelle histoire du *pot de terre* et du *pot de fer* a eu son éternel dénoûment.

— Je ne suis pas au courant de ce qui s'est passé, mais je ne vois pas quels motifs ont porté Toulon et Marseille à s'opposer à la réalisation de ce projet.

— Je suis originaire de Martigues, monsieur, et, par suite, très-partisan du creusement de l'étang, creusement qui ferait la fortune de trois localités : Berre, Martigues et Port de Bouc, sans porter préjudice à aucun autre port du littoral ; il serait trop long d'énumérer toutes les raisons émises pour et contre je me bornerai à vous dire les craintes mal fondées de Toulon et de Marseille. En principe, il fut question de faire de notre étang un port de refuge pour les navires de guerre ; la défense du canal était facile à établir et une flotte nombreuse pouvait trouver là un abri certain et contre la tempête et contre un ennemi supérieur en forces ; mais Toulon, craignant de voir transporter sur les bords de ce port naturel une partie de ses arsenaux, fit ressortir les dépenses énormes qu'entraînerait la création d'un établissement de ce genre qui, disait-on, formerait double emploi, car, ajoutait-on, en créant ce port, il fallait y réunir tous les engins nécessaires aux radoubs. Marseille, de son côté, opposa ses ports en projet ou en cours d'exécution et le danger qu'il y aurait pour son commerce d'établir, si près d'elle, un port qui, par sa position au centre du golfe du Lion, par sa sûreté et par sa proximité de la ligne du chemin de fer, pourrait arrêter ou ruiner sa prospérité.

— Je ne suis point en état de juger la question, mais il est peu probable qu'une fois l'étang de Berre creusé et érigé en port de refuge et de commerce, Toulon et Marseille perdissent de leur importance ; car jamais, je crois, il ne pourrait paraître opportun au gouvernement de déplacer ses moyens d'action si bien situés déjà. Jamais l'étang de Berre, si bien défendu qu'il pût être à son entrée par des remparts artificiels ne pourrait offrir aux navires la sécurité qu'ils trouvent sous les défenses naturelles de Toulon, et jamais Marseille, ville faite, ne sera préférée à une ville à faire.

— Vous abondez dans mon sens, monsieur ; on a versé des flots d'encre de part et d'autre dans le but de soutenir le pour et le contre, mais je ne crois point encore la question complètement vidée ; on la reprendra.

— Eh bien ! monsieur l'abbé, abandonnons jusqu'à ce jour l'étang de Berre à son triste sort et avouez avec moi qu'il doit être pénible à cette petite mer de s'entendre appeler étang.

— C'est la seule appellation qui puisse lui convenir ; elle vient du latin *stare* rester ; l'eau de l'étang ne se renouvelle que par le flux et le reflux si peu sensibles d'ailleurs dans la Méditerranée ; aucun courant ne le traverse ; le mot étang est donc bien appliqué. Savez-vous le latin, monsieur ?

Je répondis négativement.

— C'est fâcheux ; le latin que malheureusement le peuple considère comme science inutile, est la clé de voûte de la langue française ; par lui on connait la valeur des mots. Comment, ne sachant pas le latin, pourrez-vous vous expliquer qu'on ait donné le nom de voiture à la machine qui nous transporte : le latin nous l'apprend : *via ducere* ; *ducere* conduire, *via* à travers voie ; comme aussi viaduc, *ducere* conduire, *viam* la voie ; et tant d'autres.

Une hirondelle rasait l'étang : je demandai au prêtre d'où venait le mot hirondelle.

— Cette étymologie est un peu plus difficile, car les mots primitifs ont été dénaturés ; mais je penche à croire qu'hirondelle vient des mots latins : *ire* aller, *undique* partout, *ire undique*; en effet, l'hirondelle est cosmopolite.

Je feignis d'éternuer dans mon chapeau pour dissimuler l'hilarité qu'excita en moi un pareil tour de force.

Encouragé par mon silence, il continua :

— Les neuf dixièmes des mots de notre langue

sont tirés du grec et du latin ; s'il est des étymologies difficiles à établir, il en est d'autres qui sont d'une évidence étonnante ; ainsi, nous avons pris *navire* de *navis* et, de là *navette*, ce petit instrument dont se servent les tisserands pour tramer la toile et qui a la forme d'un petit bateau ; par analogie, nous appelons ici, *navette*, un pain long, effilé des deux bouts ; par analogie encore, n'a-t-on pas donné le nom de *navette* à ces navires qui peuvent fendre l'eau de l'avant ou de l'arrière sans virer de bord.

Je renonce à suivre le bon abbé dans toutes les dissertations étymologiques auxquelles il se livra ; je l'avais probablement aidé à enfourcher son dada ; une fois dessus, il ne s'arrêta qu'avec la voiture

A un détour de la route, nous aperçûmes enfin Martigues qui mire ses maisons dans les eaux de l'étang et du canal qui le traverse ; les maisons bâties sur les bords de l'étang semblaient, de loin, sortir de l'eau ; elles en sont en effet si près que l'algue marine s'attache aux murailles.

Je communiquai à mon Mentor l'impression que produisait sur moi l'aspect de cette Venise en miniature.

Elle me répondit bien bas :

— Les maisons sont si près de l'eau, que les habitants pêchent la *bouillabaisse* de leurs fenêtres.

— Ah ! madame.....

— Chut ! reprit-elle en souriant, ne répétez jamais ces paroles devant un naturel de Martigues, il se fâcherait tout rouge.

Cette charge me remit en mémoire tous les coqà-l'âne, badauderies et jocrisseries qu'on a mis, de temps immémorial, sur le compte des habitants de Martigues.

Je ne puis résister à la tentation d'en écrire un exemple.

Un bon vieux pêcheur de Martigues revenait de Marseille où ses compatriotes allaient rarement. Ce vieux pêcheur était un madré luron, dit la chronique, et tout heureux d'être un des privilégiés auxquels il avait été permis de voir la grande ville, il se demandait, en cheminant, quelle cocasserie il pourrait bien raconter en arrivant dans son village.

Bientôt il rejoint un sien ami qui se dirigeait vers le village.

— *Dé m'ounté vénés ?*

— *Dé Marsillo.*

— *Et qué si passo eilà ?*

— *Se v'aviès vis, seriès mourtaou de surpriso. Tout Marsillo es en surlévatien, lou coumerço es rouina.*

— *Mai encaro mi diras ce qu'es ; es la pesto, la guerro, lou fué, parlo ?*

— *T'assuri que se v'aviou pas vis, iou, va creiriou pas : imagino ti que la mar s'es retirado d'uno lègo : que lou port a plus pas uno gouto d'aïgo ; touteis les batéous soun à sec, lou pei si pren à la man et dé matin l'avesqué et touteis les capélans an fa uno grando processien din lou fon doou port per bénési la terro et fairé révéni l'aïgo.*

— *Ti f...tes de iou.*

— *Deman vai à Marignano et lièyi leis jornnous.*

— *Va dies émé tant de sériou qué....*
— *Crési-vo, vai, iou li rétourni déman.* (1)

Les deux amis se séparent ; pendant la soirée, la nouvelle passe de bouche en bouche, son retentissement l'accrédite et l'inventeur n'y pensait plus.

Le lendemain matin en arrivant sur le quai, il voit tout le village dans les barques.

— *Ounté anas ?*
— *Anan à Marsillo.*
— *Et perqué ?*
— *Coumo, sabes pas ?...* (2)

On lui raconte l'histoire qu'il a brodée, mais avec tant de variantes qu'il reconnaît à peine son canevas ;

---

(1) D'où viens-tu ? — de Marseille — et que se passe-t-il là-bas ? — Si tu l'avais vu, tu serais écrasé de surprise ; tout Marseille est en mouvement, le commerce est ruiné — Mais encore me diras-tu ce que c'est : la peste, la guerre, le feu, parle ? — Je t'assure que si je ne l'avais pas vu moi-même, je ne le croirais pas ; imagine-toi que la mer s'est retirée d'une lieue, que le port ne contient plus une goutte d'eau ; tous les bateaux sont à sec, le poisson se laisse prendre à la main et ce matin, l'évêque et tous les prêtres ont fait une grande procession pour bénir le fond du port et faire revenir l'eau.

— Tu te f... de moi — Demain va à Marignane et lis les journaux.

— Tu le dis si sérieusement que... — Crois-moi, va ; moi j'y retourne demain.

(2) Où allez-vous ? — Nous allons à Marseille — Et pourquoi ?
— Comment, tu ne sais pas ?...

il demande de qui l'on tient la nouvelle, on lui cite cinquante noms, le sien excepté.

Il hésite, il réfléchit ; l'entraînement de ses compatriotes le gagne ; et il se décide enfin à armer sa barque et à suivre les autres en murmurant :

— Quà soou ! en couy...ant ai bésaï dit la vérità ! (1)

Il faut ne pas être provençal ou n'avoir jamais habité la Provence, pour n'avoir pas lu ou entendu réciter quelques unes de ces naïvetés écrites en patois et dont un *Martégaou* est très souvent le héros.

Les temps ne sont plus où cette naïveté traditionnelle donnait prise aux quolibets, Martigues n'est plus comme autrefois, une bourgade de pauvres pêcheurs, en dehors de toutes relations ; le commerce, l'instruction et les rapports journaliers de toute nature que cette ville a liés avec tous les ports du littoral, ont fait de Martigues une cité florissante qui semble n'attendre que l'utilisation de l'étang de Berre, pour devenir un port important.

Il était grand jour encore, lorsque nous mîmes pied à terre à l'entrée de la ville, à l'hôtel *Maroc* ; mais déjà toutes les voitures à destination de Port de Bouc étaient au complet et nous nous trouvâmes

---

(1) Qui sait, en plaisantant, j'ai peut-être dit la vérité.

Nota : Je fais toutes réserves sur l'orthographe des quelques phrases provençales que j'ai tenu à reproduire ici ; je demande pardon aussi à nos écrivains provençaux d'avoir dénaturé peut-être leur langue bien aimée. A.D.

dans l'alternative de passer la nuit à Martigues ou de faire à pied le reste du trajet.

Après mûres délibérations et informations prises, il nous fut assuré que nous n'avions qu'une demi-heure de marche en suivant les bords du canal.

Lorsqu'on a passé plus de six heures en chemin de fer et en omnibus, un trajet de trois kilomètres est une promenade propre à délasser et ma compagne penchait d'autant plus à gagner Port de Bouc à pied et par les bords du canal, qu'elle espérait que quelques membres de sa famille viendraient au devant d'elle

Je n'ai vu de Martigues que les quelques rues que nous fit traverser, le cousin de mon Mentor, le jeune Jacques, notre guide ; c'est en passant et en passant vite que j'ai aperçu les façades de deux églises ; l'une d'elles m'a paru avoir un cachet d'antiquité qui m'a fait regretter de ne pouvoir m'arrêter ; c'est sans doute Notre-Dame de la Mer, célèbre par les pèlerins qu'y attire la dévotion à la Patronne des marins ; je ne fis qu'entrevoir la fameuse tour de l'Horloge. Je vis encore, toujours au pas de course, le tribunal de pêche, d'un joli style ; ce que je remarquai surtout, parmi les ponts nombreux qui relient les trois quartiers de la Venise provençale, Saint-Geniez, Ferrières et Jonquières, ce fut le pont tournant jeté sur le canal.

Ce pont, une merveille du genre, est à pivot central et deux hommes suffisent pour le mettre en mouvement lorsque un bateau mâté ou de haut bord doit remonter le canal jusqu'à l'étang.

Plus tard, j'espère compléter la course que je raconte aujourd'hui, en prenant Martigues pour point de départ et en passant par Arles, S¹-Chamas, Salon, Berre et Marseille ; je renvoie à ce jour d'intéressants détails sur Martigues que je me propose de visiter avec l'attention que cette petite ville mérite à à tous égards.

IV.

DE MARTIGUES A PORT DE BOUC. — LES SALINS ET LE SEL. — LES BORDS DU CANAL. — LES POISSONS PRISONNIERS. — LES REMORQUEURS. — LES POTEAUX KILOMÉTRIQUES. — L'HÔTEL DE LA BALEINE. — HISTOIRE HUMOURISTIQUE D'UN PLAT DE LANGOUSTES.

Le trajet de Martigues à Port de Bouc peut s'effectuer de trois façons et par trois routes différentes : à pied, en bateau et en voiture.

A certains jours déterminés et le matin, des petites chaloupes à vapeur, appelées *mouches*, descendent à Port de Bouc pour, de là, remonter le canal d'Arles et le Rhône, jusqu'à Lyon où l'un de ces bateaux, on se le rappelle, chavira l'an dernier, le long des quais.

Deux fois par jour, le courrier qui dessert le bureau de poste de Port de Bouc, est à la disposition des voyageurs ; comme les chaloupes, il fait le trajet en moins de demi-heure.

Enfin, il y a encore une large chaussée qui longe

le canal en ligne droite, de Martigues à Port de Bouc, mais elle n'est encore livrée qu'aux piétons.

Le canal, soit qu'on le parcourre en bateau, soit qu'on en suive les bords à pied, est, sans contredit, la voie la plus pittoresque ; seulement il serait dangereux, l'hiver, par un temps de verglas ou lorsque la pluie a détrempé la terre, de s'engager dans les étroits sentiers qui serpentent à travers les marais salants, sentiers que nous suivîmes d'abord pour arriver à la grande chaussée.

J'ignore si cette chaussée n'est point terminée dans toute sa longueur jusqu'à Martigues, ou si notre guide ne nous la fit pas prendre tout d'abord afin de profiter d'un raccourci ; en toute autre circonstance, je me serais probablement informé, mais le spectacle qui s'offrait à mes yeux m'avait distrait de toute autre préoccupation.

Je n'avais jamais vu de salins, bien qu'il en existe de fort beaux à Hyères, distants de Toulon de quelques lieues à peine.

Qu'on s'imagine un vaste échiquier à cases inégales ; tel était l'aspect de l'ensemble des salins ; les mares sont séparées entr'elles par des petites chaussées en terre battue où le pied a peine à se placer ; elle peuvent être mises en communication au moyen de martellières, aux époques où l'évaporation ayant fait baisser le niveau des eaux, on remplit de nouveau les mares.

La nuit était venue et la lune faisait resplendir comme des surfaces d'ivoire tous ces bassins recouverts d'une couche cristalline de sel brut.

De quelles précautions ne doit pas s'entourer l'ouvrier qui recueille le sel déposé dans les fosses pour le placer à *l'égouttage* sur les chaussées ; celui qui, la nuit quelquefois, est obligé de faire circuler les eaux ; il serait inévitablement perdu si, éloigné de tout secours, il venait à tomber dans une de ces mares où la vase épaisse et profonde l'enserrerait d'une étreinte mortelle et peu à peu l'attirerait à elle.

Les salins qui s'étendent sur toute la longueur du canal ne sont pas les seuls qui existent dans ces parages ; il en est de plus productifs dans l'intérieur des terres ; on rencontre, m'a-t-on dit, des lacs salés qui ne sont alimentés que par l'eau de pluie et par les infiltrations souterraines ; le principe salin est tellement répandu dans ces lacs que la récolte du sel est plus abondante et plus fréquente, bien que pas une goutte d'eau de la mer y soit jamais amenée.

L'eau de ces lacs qui contient près de 10 p.0/0 de sel marin, lorsque les eaux de la mer n'en contiennent que 3 p. 0/0, atteint un si haut degré de salaison que les poissons n'y pourraient vivre et qu'un homme qui s'y baignerait ou qui s'y laisserait choir par mégarde, aurait l'épiderme brûlé tant elle est corrosive.

C'est toujours au pas de course, pressé par la nuit qui devenait de plus en plus obscure, que j'ai entrevu les baraques où l'on raffine le sel ; je n'ai pu les visiter, malgré mon désir, et me rendre compte des préparations que reçoit la matière apportée à l'état brut. J'ai vu seulement, sous des hangars, et ammoncelé par tas énormes, le sel tel qu'il est livré au commerce.

Je l'ai dit, rien de plus pittoresque que les bords du canal vus de nuit. Un mistral, d'une violence à décorner les bœufs, qui avait soufflé les jours précédents, était enfin tombé dans la matinée et conservait à peine assez de force pour faire, de temps à autre, battre contre les mâts, les voiles des quelques bateaux qui, à force de rame, regagnaient le port de Martigues. Mais, si faible qu'il fût, ce vent suffisait à tenir l'atmosphère dans un état de limpidité transparente qui permettait de tout distinguer par à peu près.

Le reflet des eaux est pour beaucoup dans ces effets de lumière. Souvent, lorsque dans l'intérieur des terres on peut à peine voir à ses pieds, au bord de la mer, le crépuscule semble durer jusqu'à l'aurore.

Nous marchions silencieux ; ma compagne plongée dans des réflexions probablement très sérieuses ; son neveu, indifférent et le nez en l'air, sifflottait une ariette d'un opéra inconnu ; et moi regardant de côté et d'autre, admirant, ébahi.

C'est que j'avais sous les yeux des choses dont, sans aide, l'intelligence ne peut se rendre un compte exact ; ainsi je voyais le canal partagé dans sa longueur par une haie formée de claies revêtues de filets ; de distance en distance, des chaînes tendues et auxquelles pendaient d'autres filets, coupaient le canal dans toute sa largeur.

Plus je me creusais le cerveau pour arriver tout seul à la solution de ces problèmes palpables, plus je m'éloignais du vrai ; fatigué de patauger au milieu de réflexions inutiles, je me décidai à demander à mes compagnons à quoi servaient ces claies et ces chaînes à filets.

— A empêcher le poisson de sortir de l'étang, me fut-il répondu.

Je fus dès lors sur la voie de la vérité ; à l'époque où les poissons quittent la haute mer et gagnent les eaux calmes pour y déposer leur frai, toutes les barrières sont levées afin de les laisser librement remonter dans l'étang de Berre ; mais sitôt après leur passage, tout se ferme derrière eux et les poissons et leur progéniture restent prisonniers, sous la main des pêcheurs qui, de tout temps et à toute heure, peuvent faire pêche abondante sans apréhension des terribles tourmentes du golfe du Lion.

Je ne sais rien de plus fatigant qu'une route qui se prolonge hors de toute prévision ; on nous avait assuré que nous arriverions après une demi-heure de marche tout au plus, et nous marchions depuis quarante cinq minutes sans que rien à l'horizon nous permît de croire que nous approchions du terme de notre voyage.

Mon Mentor en jupons se plaignait d'un commencement de lassitude et regrettait de n'avoir point pris une voiture ou passé la nuit à Martigues.

Je ne partageais pas ses regrets, mais le chemin me paraissait long et, ayant déjeûné à dix heures, par deux fois déjà, mon estomac avait sonné le dîner; il était huit heures.

Les phares qui sont à l'entrée de la rade de Port de Bouc brillaient à l'horizon, et Jacques, notre guide, à chacune de nos questions répondait invariablement et imperturbablement :

— Quelques minutes encore et nous arrivons.

Les minutes se succédaient et la chaussée paraissait devant nous s'allonger indéfiniment ; plus nous marchions plus notre marche se rallentissait ; nous ne pouvions laisser *Minerve* derrière nous.

Depuis notre sortie de Martigues nous n'avions rencontré que les gardiens de chaîne qui logent dans de petites baraques construites sur les bords du canal.

Ma compagne commençait à désespérer de voir ses parents venir au-devant d'elle, et la nuit était complètement arrivée.

Enfin les yeux de lynx de notre jeune guide distinguèrent sur la chaussée, mais assez loin encore, deux ombres qu'il nous assura être celles de deux hommes.

Ma compagne désireuse d'être définitivement fixée sur la distance à parcourir encore, fit un dernier effort et nous pressâmes le pas.

Deux hommes en effet venaient vers nous ; nous pûmes bientôt les distinguer et notre guide reconnut les personnes que sa tante attendait impatiemment.

Après les compliments de bienvenue, l'échange de nouvelles sur la santé des absents, nous apprîmes des nouveaux venus que nous n'avions plus à parcourir... qu'un tiers du chemin.

C'était consolant ; nous marchions depuis une heure environ, mais si lentement que je maudis *in petto* mon Dieu Hasard d'avoir eu la malencontreuse idée de s'incarner en femme.

J'ai dit plus haut que le mistral qui, la veille et pendant la nuit, avait soufflé avec violence, conservait à peine assez de force pour soulever et faire battre contre les mâts, les voiles des quelques bateaux qui parcouraient le canal.

L'un d'eux que nous rejoignîmes et dépassâmes bientôt, avait un chargement de femmes qui essayaient d'oublier la longueur du trajet, en chantant des *canzonettas*, pendant que le batelier, fatigué sans doute de ramer, remorquait son bateau en suivant la berge.

Naviguer la nuit, par une eau calme et un beau temps est, je veux le croire, chose très-agréable ; mais le plaisir que l'on éprouve doit être considérablement diminué à la vue de l'ilote attelé à sa barque et qui sue sang et eau pour gagner un pauvre franc peut-être, lorsque le vent ne vient pas lui prêter son aide.

Sur les canaux, la remorque des bateaux à voile a lieu au moyen de petits chevaux conduits par des enfants. Puisque les pêcheurs de Martigues entretiennent, à leurs frais, des gardiens de chaîne, pourquoi ne créeraient-ils pas, le long du canal, deux relais desservis chacun par un cheval dont la nourriture coûterait peu et qui, par les temps de calme plat, lorsque harrassés par une journée de travail en mer, ils reviennent chez eux, leur éviterait la dernière fatigue de remorquer leur embarcation surchargée.

J'en étais là de ces réflexions, lorsque je me heurtai violemment et de front, contre un obstacle que je n'avais pu apercevoir, la lune s'étant cachée tout juste à temps derrière un petit nuage.

C'était un poteau fixé au milieu de la chaussée qui m'avait arrêté net ; j'en avais vu et évité bon nombre depuis Martigues et j'avais supposé que les ingénieurs chargés de l'établissement de la route, avaient laissé subsister ces jalons pour remédier plus tard aux affaissements qui pourraient se produire.

La régularité des distances qui les séparaient les uns des autres et, surtout, l'abordage intempestif que je venais d'éprouver, me fit maugréer tout haut contre l'inopportunité de ces jalons.

Mes compagnons de route riaient de l'accident à gorge déployée depuis que je leur avais réitéré l'assurance que je n'avais reçu aucun dommage et j'appris d'eux que ce que je prenais pour un jalon était un poteau kilométrique.

Il était écrit que, dans ce pays, je tomberais d'étonnements en étonnements ; je conviens qu'un poteau d'un mètre cinquante de hauteur, placé au milieu du chemin, est plus visible qu'une petite borne reléguée au bord de la route, mais il ne doit pas être rare que l'accident dont je me plains, arrive aux piétons distraits qui parcourent la chaussée par une nuit obscure et lorsque le brouillard se lève épais.

Nous arrivâmes enfin à l'extrémité de la chaussée et nous entrâmes à Port de Bouc par un petit sentier

Il s'agissait de m'indiquer un hôtel ; sur ce point les avis furent divergents entre mes trois guides ; l'avis du plus âgé prévalut enfin et l'on me conduisit jusqu'à la porte de l'*hôtel de la Baleine*.

Après avoir échangé une poignée de main avec les jeunes gens et un timide *au revoir* avec mon Mentor, je me disposais à franchir le seuil de l'hôtellerie, lorsque j'entendis un de mes compagnons dire aux autres en s'éloignant :

— *Aqui van pas cercà leis estrangiés, leis espéroun.*

Ce qui signifiait clairement, que je serais là bel et bien écorché.

Néanmoins j'entrai.

Je dois constater qu'il n'en fut rien et je le prouve en reproduisant mot à mot la note qui me fut présentée à mon départ.

Note de Monsieur.....

Du 22 Dîner..........	2f	»
Chambre..........	1	50
Du 23 Déjeûner.........	2	»
Dîner............	2	»
Chambre..........	1	50
Du 24 Déjeûner.........	2	»
Dîner............	2	»
Service..........	»	50
Total :	13f	50

Confortable, propreté, célérité et bon marché ; allant à Port de Bouc, on ne peut pas ne pas descendre à *l'hôtel de la Baleine.*

Mais....... quelques réflexions.

Il faudrait la verve de Rabelais et la plume de Molière pour raconter cet épisode de mon séjour à l'hôtel de la Baleine.

Autrefois on appelait chat un chat et la plume

avait les mêmes priviléges que la langue; aujourd'hui le français semble avoir répudié cette vieille franchise gauloise ; notre langue tend à ressembler à ces anglaises raides et pudibondes qui se voilent la face et glapissent un *shocking* échevelé, lorsque, devant elles, on parle de chemises et de caleçons.

Nous rions des anglais qui ont inventé le mot *inxp/rimable*, lorsque nous avons vainement fouillé la science afin d'y trouver un mot technique pour désigner cette partie du corps sur laquelle tous les quadrupèdes se reposent, sans laquelle l'homme n'eut pas inventé les siéges, et dont la privation oblige les volatiles à rester éternellement sur leurs pattes.

Puritains, passez cette fin de chapitre.

D'aucuns pensent que, pour trouver bonne une langouste, point n'est besoin de la manger récemment pêchée ; quelques gourmets poussent même le dédain de la fraîcheur chez ce crustacé au point d'attendre pour y goûter qu'il ait acquis un certain parfum *sui generis*.

Le cuisinier de l'hôtel de la Baleine était assurément un chaud partisan de la langouste faisandée : à preuve ce qui suit :

Le soir même de mon arrivée, parmi les mets composant le menu verbal qui me fut débité, figurait un plat de langoustes : jugeant ce mets trop lourd pour être mangé au moment de me mettre au lit, je refusai d'en prendre et préférai des soles que je trouvai excellentes.

Le lendemain, les susdites langoustes s'étalaient à

la première ligne de la carte qui me fut présentée ; je les écartai avec défiance.

Le lundi, langoustes pour la troisième fois ; plus que jamais cas était de les laisser à l'office.

Le dernier jour enfin, comme j'entrais dans la salle à manger, un obséquieux garçon s'avança pour me demander ce que je désirais.

— Montrez-moi la carte.

— On ne l'a point dressée aujourd'hui, monsieur, mais si monsieur veut des langoustes.....

Je ne pus réprimer un haut le corps. Ce maudit plat de langoustes s'acharnait après moi ; je répondis vivement :

— Non, merci.... et servez-moi ce que vous voudrez.

Je ne jugeai pas indispensable d'ajouter :

— Sauf des langoustes, et j'allai m'asseoir devant mon couvert.

On me demandera peut-être la raison qui me portait à croire que les langoustes du lundi étaient celles qu'on m'avait offertes le samedi : c'est que, de l'aveu même du cuisinier à qui je demandai vainement du poisson, les pêcheurs n'étaient plus allés en mer depuis le samedi matin.

J'attendais assez impatiemment que mon consommé eût perdu un peu de son calorique, lorsque, chose que je n'avais pas remarquée encore, je m'aperçus que la salle à manger était littéralement envahie par une nuée de mouches.

Un grave événement avait dû sans doute se produire au sein de cette république, car elles tournoyaient, tournoyaient et toutes les fois que leurs bataillons serrés se trouvaient devant la porte d'entrée, ils se ruaient vers l'autre extrémité de la salle.

Mais tandis que, le nez en l'air, je cherchais à deviner la cause de ce remue-ménage, mon assiette devenait une véritable école de natation ; la nappe, naguère blanche et nette, se couvrait de mouches demi-mortes ; celles qui conservaient assez de force pour reprendre leur vol se précipitaient sur les vitres et paraissaient vivement désirer de respirer le grand air.

J'étais ébahi et je serais longtemps resté sans trouver la clé de l'énigme qui se produisait sous mes yeux, si je n'avais enfin vu le garçon entrer et m'apporter... quoi ?.. des langoustes !...

Je faillis tomber dans mon assiette, et tenir compagnie aux noyés ; j'eus à peine la force de m'écrier :

— Remportez..... remportez !

Comprit-il ? ne comprit-il pas ? je ne sais, mais il disparut et, avec lui, ces crustacés dont l'image terrible m'a souvent poursuivi jusque dans mes rêves.

Je fis enlever les morts et les mourants, ouvrir les fenêtres, et, remis de ma demi-asphyxie, je pris stoïquement mon repas sur ce champ de carnage.

Tout ceci n'est qu'hyperbole ; l'hôtel de la Balcine est un des meilleurs hôtels de Port de Bouc ; on est certain d'y trouver tout le confortable possible et je serais désolé que son propriétaire pût voir quelque chose de désobligeant dans les lignes qui précèdent.

Mais qu'il ne serve à ses hôtes que des langoustes fraîches, à moins, toutefois, qu'on les lui demande *faites*..... pour tuer les mouches.

V.

PORT DE BOUC. — JE TROUVE UN CICERONE. — LE CANAL ET LES LÈQUES. — UN INCENDIE A BORD. — UN TRAIT D'UNION CARACTÉRISTIQUE. — LA COURSE DE TAUREAUX. — LE FEU D'ARTIFICE. — LES ARLÉSIENNES.

Trois individualités confiantes dans l'avenir de Port de Bouc, persuadées que, tôt ou tard, cette vaste darse, avant-port de l'étang de Berre, frapperait l'intelligence des hommes pratiques et deviendrait, un jour, une étape utilisée sur le parcours si dangereux du golfe du Lion, M. Bournat, député au Corps législatif, M. Blondel, membre du Conseil général des Bouches-du-Rhône et M. Barthélemy, courtier à Port de Bouc, ont poursuivi avec ardeur l'accomplissement d'une œuvre qui vient enfin d'obtenir un premier succès.

Depuis le mois d'avril dernier, Port de Bouc a été érigé en Commune et, séparé du canton d'Itres, réuni à celui de Martigues.

Delà deux avantages réels pour Port de Bouc ; comme Commune, il peut désormais, directement et par l'organe de son conseil, porter aux pieds du Trône l'expression de ses vœux légitimes : par sa réunion au canton de Martigues, ses habitants ont huit kilomètres de moins à parcourir pour se rendre au chef-lieu de canton.

La nouvelle commune doit certes beaucoup à l'influence et à l'appui de MM. Bournat et Blondel ; mais toute la gratitude de toute la population ne l'acquittera jamais envers M. Barthélemy qui a dépensé tant de peines, de soins et de travail pour arriver au but.

Le gouvernement a été le premier à reconnaître tout récemment, la sollicitude de M. Barthélemy en le nommant maire de la commune qui lui doit ce titre.

Le soleil était levé depuis longtemps déjà et inondait ma chambre d'une lumière éblouissante, lorsque j'ouvris les yeux ; le lit était moelleux et la matinée fraîche. Un long débat s'éleva entre ma paresse naturelle et le désir de visiter le pays avant que la foule eût envahi les rues.

Il résulta de la longueur de ces tiraillements intimes, que les intérêts des deux antagonistes furent sauvegardés à la fois ; ma paresse me retint une heure de plus entre les draps et mon désir de touriste m'en fit sortir une heure plus tôt que de coutume.

Sur la porte de l'hôtel, je trouvai un homme âgé qui, à ma vue, se découvrit et s'approcha de moi : je m'arrêtai, mon sombrero à la main.

— C'est vous, monsieur, qui êtes arrivé hier soir de Toulon.

Je me demandai mentalement si ce monsieur, fort bien mis d'ailleurs, allait me requérir d'exhiber mon passeport ; j'en étais dépourvu, néanmoins je ne me décontenançai point.

— C'est moi, monsieur, répondis-je.

— On m'a dit, monsieur, que vous étiez venu à Port de Bouc attiré par les réjouissances qu'y offrent les habitants pour fêter l'érection en commune de notre petite localité, et que votre intention était de publier une relation de votre voyage ; j'ai un peu voyagé et un peu écrit ; c'est donc en confrère que je viens vous proposer de vous servir de cicerone.

— Je ne puis, monsieur, qu'accepter avec reconnaissance l'offre obligeante que vous me faites ; c'est une bonne fortune que je n'osais envier.

Je reconnus, dans cette rencontre imprévue et pleine d'à-propos, sinon le doigt, du moins le bavardage de *Minerve* à qui, je me le rappelai alors, j'avais laissé deviner mon projet d'écrire mes impressions de voyage.

Le coadjuteur de mon Mentor était un vieillard vert d'esprit et de corps ; à sa boutonnière s'étalaient les rubans de la Légion d'honneur et de Ste-Hélène ; mousse, il avait assisté au désastre d'Aboukir et, à force de travail et de services, était arrivé au grade de lieutenant de vaisseau au moment où l'heure du repos sonna pour lui.

Si je puis parler en connaissance de cause de l'état actuel de Port de Bouc, de son avenir présumé, de ses besoins et de ses aspirations, c'est à M. X*** que je le dois ; pendant les quelques jours que j'ai passés dans cette localité, il s'est toujours mis à ma disposition avec une bonne grâce dont je n'ai su comment le remercier ; puissé-je, en ne faisant l'interprète fidèle de ses vœux qui sont ceux de tous ses compatriotes, m'acquitter envers lui.

Port de Bouc se compose de deux agglomérations ; l'une, appelée *le canal*, est assise à l'embouchure même du canal d'Arles : l'autre, située à deux cents mètres plus loin vers l'ouest et sur un monticule, se nomme *les Lèques*.

Les Lèques est une dénomination fort répandue, je crois, en Provence ; près de Cassis, dont j'ai parlé plus haut, se trouve un hameau qui porte ce nom.

Le bon abbé, mon voisin d'omnibus, m'avait probablement mis en goût de recherches étymologiques, car malgré la répulsion que m'inspirent les sciences abstraites, j'arrivai, de déductions en déductions, à me persuader que ce mot *lèques* dérivait du mot latin *reliqua* formé lui-même de *res* chose et *liqua* abandonnée, écartée, et qu'on avait appelé ainsi les agglomérations éloignées du centre principal.

Les deux rives du canal sont réunies par un pont-levis à double bascule dont les bras vus de loin ressemblent assez à la silhouette légendaire et funèbre des gibets de Montfaucon.

Ce pont a, pour avant-gardes, plusieurs portes en fer et à deux battants qui fermées intercepteraient tout passage.

Sur ce point, le canal s'élargit ; là est le port proprement dit ; des navires à vapeur et à voiles, des tartanes, des barques, des grands bateaux plats de rivière encombrent ce port qui, comme le vieux port de Marseille a la forme d'un goulet, au centre duquel il reste à peine la place pour le passage d'un navire. Les quais sont, dans toute leur longueur couverts de masses considérables de charbons agglomérés, de minerais et de rails de chemin de fer.

Plus loin, le canal va s'évasant et débouche dans la darse séparée de la haute mer par une large jetée à l'extrémité de laquelle s'élève un phare à feux fixes ; sur la rive opposée, se dresse un second phare placé au-dessus d'un petit fort dont les crénaux sont veufs de canons et les casemates vides.

Le canal est, par suite, le quartier le plus animé de Port de Bouc ; *les Lèques* sont relativement plus peuplées ; les maisons sont bâties à la tête de la jetée ; les quais qui se prolongent au-dessous, sont, comme ceux du canal, l'entrepôt de toutes les marchandises de transit qui constituent le mouvement commercial de la localité, de plus, c'est sur ce point que se trouvent les chantiers de radoub et de construction.

L'aspect général de Port de Bouc n'offre rien de frappant ; il faudra bien longtemps encore avant que l'espace qui sépare les deux quartiers se couvre de constructions ; mais on ne doit pas désespérer de voir cette transformation s'accomplir : la position de Port de Bouc à l'entrée des canaux d'Arles et de Martigues lui assurent un avenir de prospérité, et trop d'intelligences élevées s'intéressent à cette petite ville, pour que, tôt ou tard, son port vaste et sûr ne soit utilisé.

En me promenant le long des quais, après avoir passé une heure à contempler du haut de la jetée cette mer bruyante encore dans ses moments d'apaisement qui se ruait avec fureur contre les brise-lames que l'homme a opposés à ses attaques, en me promenant, dis-je, j'avais remarqué une chaudière de bateau à vapeur dont les diverses pièces avaient été violemment séparées et tordues comme si une main de géant se fût fait un jeu de tourner en volutes ces plaques de fer d'un demi-pouce d'épaisseur.

Je soupçonnai que quelqu'événement funeste avait eu lieu ; et j'en acquis bientôt la certitude, lorsque, plus loin, je me trouvai face à face avec la carcasse d'un navire brûlé jusqu'à la ligne de flotaison et qu'on avait retirée du fond de la darse.

Ce dût être pour les habitants de Port de Bouc un terrible et splendide spectacle que celui qui s'offrit à leurs yeux pendant la nuit du 15 décembre 1865.

Il faut avoir vu un grand incendie à bord d'un navire, pour se faire une idée exacte de l'impétuosité des flammes lorsqu'elles s'attaquent à ces murailles de bois suintant le goudron par toutes les fissures ; l'élément destructeur semble défier tous les efforts humains ; l'eau même, son antagoniste naturel, au-dessus de laquelle il dévore sa proie et dont il paraît se railler, l'eau devient impuissante ; on la jette à torrents sur le foyer, le foyer diminue un instant d'intensité, mais presqu'aussitôt la flamme se ranime, brille, enveloppe et consume.

Le Rival, bateau à vapeur de commerce était ancré depuis quelques jours dans la rade de Port de Bouc, et son capitaine attendait que toutes les formalités de douane et de courtage fussent accomplies pour opérer le débarquement des marchandises qu'il avait à bord.

Au milieu de la nuit, ce cri terrible : *le feu en rade!* retentit dans les deux quartiers de Port de Bouc ; bientôt toute la population est sur la jetée et tout ce qui est en âge de porter secours aborde le navire où l'incendie avait pris déjà de graves proportions.

L'équipage, au moment où le feu se déclara, était tout entier à bord ; il avait vainement essayé de se rendre maître des flammes sans répandre l'alarme ; mais il ne pût tenir tête ; ses pompes seules ne pouvaient plus suffire.

Tous les actes de courage, de dévoûment, d'audace accomplis pendant cette nuit terrible ne peuvent être relatés ; il faudrait de longues pages pour dire tous les détails de cette lutte de l'homme contre deux éléments dont l'un consumait et dont l'autre engloutissait ; les flammes ne se laissaient arrêter par aucun obstacle, elles le dévoraient ; des gerbes de feu s'élançaient des écoutilles et comme de longs serpents enlaçaient les mâts, sifflaient le long des cordages et consumaient tout sur leur passage.

L'intérieur du navire n'était plus qu'une vaste fournaise ; d'affreux craquements se faisaient entendre ; les cloisons éclataient, le pont miné par les flammes commençait à céder sous le poids des sauveteurs ; l'eau se consumait dans la chaudière dont on ne pouvait plus s'approcher ; une explosion devenait imminente et les mâts calcinés à la base menaçaient de s'abattre d'un instant à l'autre.

Tout espoir de sauvetage était désormais perdu et

il devenait urgent de s'éloigner du navire ; tout le monde en sentait la nécessité ; la carcasse fut abandonnée à elle-même.

Les flammes, dès lors, maîtresses absolues du champ de bataille, redoublèrent d'intensité ; les bordages ressemblaient à un long cordon de feu.

Au moment où les embarcations s'écartaient des flancs du navire, une détonation formidable retentit: mille débris furent lancés dans les airs.....

Tous les avirons restèrent suspendus, on se comptait.

Heureusement la chaudière avait éclaté dans sa partie supérieure et les débris en retombant n'atteignirent personne. Un à un les mâts s'abattirent incandescents faisant bouillonner l'eau autour d'eux.

Peu à peu la coque entière s'enflamma et le navire ne fut plus qu'un immense brasier élevant dans les airs une colonne de flammes que l'on put voir de plusieurs lieues à la ronde.

Puis, lorsque le feu fut arrivé au niveau de l'eau, celle-ci reprit ses droits et engloutit ce que la flamme n'avait pu dévorer.

L'unique et modeste cloche de la petite chapelle de Port de Bouc sonnait à toute volée l'office du matin et les habitants endimanchés se dirigeaient par groupes vers une petite hauteur où s'élève la chapelle.

Une terrasse la précède ; en prévision de l'insuffisance de la nef à contenir la foule qu'y attirerait la cérémonie à laquelle un orchestre engagé pour la partie profane de la fête, devait prêter le concours de ses symphonies, on avait garni cette terrasse de chaises et de bancs et pour préserver les assistants des rayons d'un soleil perpendiculaire on avait tendu des voiles pardessus.

Toutes les places étaient occupées quand j'arrivai ; mais en me faufilant à la suite d'un musicien retardataire, devant lequel la foule s'écartait avec déférence, je parvins à pénétrer dans l'enceinte de l'église.

Elle est simple et nue la pauvre petite chapelle, pareille en cela à toutes les églises de village ; comme toutes les églises des bourgades de pêcheurs et de marins elle est dédiée à la Vierge et de nombreux *ex-voto*, consistant en tableaux, petits navires et souvenirs de toute sorte, suspendus aux murs et à la voûte, témoignent de bon nombre de vœux exaucés grâce à elle.

L'office divin était commencé ; l'orchestre s'était fait entendre à l'*introït* et je regrettais de n'avoir pu jouir du premier morceau qu'il avait exécuté, lorsque, à ma grande surprise, il commença une ronflante polka de Strauss..... Après la polka, une valse ; après la valse, une autre danse, et ainsi de suite jusqu'au galop final qui termina la messe.

Qu'on ne m'accuse pas d'avoir la pensée de jeter le moindre blâme sur le choix des morceaux ; ce n'est la faute de personne s'il n'a pas été plus en rapport avec les circonstances ; les organisateurs de la fête n'avaient pas songé sans doute à avertir le chef d'orchestre qu'il aurait à se faire entendre pendant l'office et celui-ci ne pouvait le deviner.

Et cela est si vrai que la tribune faisant face à l'autel où l'orchestre était placé n'avait pas été disposée pour la circonstance ; à leur arrivée les musiciens ne trouvèrent pas de pupitres : que résulta-t-il de cet état de choses ? que les musiciens durent mutuellement se servir de pupitre et fixer sur le dos des uns et des autres, au moyen d'épingles, le papier de musique qu'ils ne savaient où placer.

L'intention était bonne ; c'est suffisant.

Au sortir de l'église, je fus rejoint par mon aimable cicerone qui me fit remarquer sur la droite de la chapelle, une jolie petite maison aux persiennes vertes et me dit qu'elle était habitée par deux familles de protestants ; il insista sur cette particularité qu'elle se trouvait à peine séparée de l'église par une petite écurie.

Dans le pays, on trouve surprenant que ces personnes appartenant à la religion réformée soient venues se loger si près des lieux où elles sont forcées d'assister pour ainsi dire aux cérémonies d'un culte qui n'est pas le leur.

Je ne remarquai, moi, que l'écurie qui me parut être un trait d'union caractéristique ; d'un côté le temple des catholiques, de l'autre celui des protestants ; entre les deux, des bêtes qui ne sont, elles, ni protestantes ni catholiques bien qu'elles aient le même Dieu pour créateur, et qui, elles au moins, l'adorent toutes de la même façon, si elles l'adorent.

Au pied du monticule où nous nous trouvions, entre le quartier du *Canal* et celui des *Lèques*, sur la route même qui les relie, on avait construit un enclos avec des galeries élevées ; c'était l'arène où, pendant la journée, devaient avoir lieu les courses de taureaux ; ils étaient arrivés pendant la nuit, et, au dire de ceux qui avaient passé nuit blanche pour les voir les premiers, *la manade* avait belle prestance ; aussi, bien avant l'heure, les amateurs *faisaient queue* à la porte de l'arène improvisée.

Comme l'Espagnol, l'habitant des contrées voisines de la Camargue est friant de ce spectacle où la force brutale et aveugle entre en lice avec la légèreté et l'adresse.

J'avais lu quelques relations de courses ou combats de taureaux ; une, entr'autres, dans *le voyage en Espagne* de Ch. Davillier, illustré par Gustave Doré et publié par le journal *le Tour du monde*.

A cette lecture, j'avais eu comme un pressentiment de ces âcres émotions que les populations de la péninsule ibérique recherchent avec tant d'ardeur, et je me serais bien gardé de ne pas saisir au passage l'occasion qui s'offrait à moi de m'exposer aux mêmes émotions.

Je fis donc comme le commun des mortels et, au moment où les portes de l'arène s'ouvraient à la foule, je me mis à la suite des gens pressés qui, depuis plus d'une heure grillaient au soleil.

Je pénétrais avec recueillement dans l'enceinte, lorsque l'aspect seul du péristyle me mit en garde contre tout entraînement enthousiaste.

D'un pied, il fallait franchir le seuil, de l'autre, le premier degré d'une échelle quasi perpendiculaire, seul chemin aboutissant aux galeries, offert aux spectateurs des deux sexes.

En présence de cette ingénieuse disposition des

lieux, on comprendra facilement l'embarras des femmes et la jubilation des jeunes gens. Je remarquai même quelques uns de ces derniers qui payèrent jusqu'à trois fois leur place — on ne délivrait pas de contre-marques au contrôle — pour avoir le droit de franchir trois fois l'échelle à la suite du beau sexe.

La galerie était majestueusement exposée dans toute son étendue aux rayons du soleil ; les premières et les secondes places étaient si bien confondues que je n'ai jamais pu comprendre pourquoi l'on avait établi cette distinction qui faisait payer plus cher aux uns qu'aux autres le droit de voir tout aussi bien ou tout aussi mal. Mais je penche à croire que cette distinction, si elle ne faisait pas l'affaire de ceux qui avaient payé les premières, faisait celle du directeur.

L'arène était de forme carrée ; au centre, une espèce de blockhaus en madriers, élevé à hauteur d'appui, permettait aux *torreros* pressés par le taureau de se mettre à l'abri de sa poursuite et de ses cornes.

Oh ! qu'on ne craigne pas que j'entreprenne la description d'une lutte d'homme à taureau ; trop de maîtres m'ont précédé sur ce terrain pour que j'essaye d'y glaner ; d'ailleurs ce que j'ai vu ne ressemble en rien à ce que j'ai lu.

Quelques malandrins vêtus de blouses ou en bras de chemise, aussi intéressés sans doute à ne pas exposer leur peau qu'à préserver celle des taureaux, agaçaient l'animal et s'enfuyaient à toutes jambes dès que celui-ci faisait mine de fondre sur eux.

Bref, lassé de ce spectacle, je n'essayerai pas de faire partager mon ennui à ceux qui voudront bien me lire, en le leur contant. Je m'élançai, c'est le mot, hors de l'enceinte et passai le reste de la journée sous les fraîches tonnelles d'un café des *Lèques* où une cantatrice, genre *Thérèsa*, émerveillait les habitués par ses contorsions vocales et instrumentales.

En France, pas de fête complète sans feu d'artifice ; ne dût-on tirer qu'une fusée, qu'un pétard, il faut brûler de la poudre, faire du bruit et de l'éclat : le feu d'artifice est le corollaire de toute réjouissance publique, comme le bouquet est le dernier mot du feu d'artifice — Pas de fête sans feu d'artifice, pas de feu d'artifice sans bouquet.

On avait donc annoncé un superbe feu d'artifice qui devait être tiré sur l'esplanade de l'église dans la soirée du dimanche. J'aime à voir les ingénieuses inventions de la pyrotechnie et ne les eussé-je pas aimées que je me serais imposé l'obligation d'assister au dernier acte de la journée.

Dam ! j'étais loin de m'attendre aux merveilles du Trocadero : une commune qui n'a pas encore de revenus ne peut se lancer dans de folles dépenses ; et, si modeste qu'ait été ce feu d'artifice, je l'ai trouvé digne d'une plus grande localité ; j'ai vu des villes contenant dix fois plus d'habitants que Port de Bouc, brûler des feux d'artifices dérisoires, alors que leur position aux portes d'une grande cité mettait les organisateurs à même de faire mieux.

Au reste, on le pense bien, rien de saillant qui

mérite d'être noté, si ce n'est ce mot d'un habitant de Port de Bouc.

Le feu d'artifice tirait à sa fin ; près du lieu où je m'étais placé, toute une famille ébaudie regardait, les yeux écarquillés, en poussant des *oh!... ah!.... quès béou !...* Le père seul semblait mécontent, il hochait la tête ; enfin comme sa femme lui demanda s'il ne trouvait pas cela très-joli, il répondit :

— *O oui, es pouri ; mai... li manquo dé tambours ; quaouqui roulamens farien pas maou.*

Il est bon de dire, en passant, qu'au village un orchestre sans tambour ni grosse caisse ne peut constituer un orchestre sérieux, et, dans la pensée de mon voisin, sa réflexion équivalait sans doute à ceci :

— Oui, c'est joli ; mais.... il manque là un peu de musique ; quelques symphonies ne feraient pas mal comme intermèdes.

L'orchestre ne pouvait être à la fois au feu d'artifice et au bal où il se faisait entendre déjà et vers lequel je me dirigeai.

J'éprouvai, en entrant dans la salle, une émotion qui n'est comparable qu'à celle qu'on ressentirait si, dans un clin d'œil, sans transition, sans être prévenu, on se trouvait transporté au milieu d'une contrée inconnue, en Ethiopie par exemple. Certes chacun a vu sans la moindre surprise, un, dix, vingt nègres, mais si tout à coup il ne voyait plus que de la peau noire autour de lui !

J'avais très souvent vu des arlésiennes assurément mais je n'avais jamais vu rien que des arlésiennes.

C'est ce qui m'arrivait en ce moment ; une colonie d'Arles, arrivée dans la soirée, avait envahi la salle de bal avant que les jeunes filles de l'endroit s'y fussent rendues et ce spectacle saisissant par sa nouveauté m'avait arrêté en contemplation à la porte de la salle.

Qu'une femme est attrayante sous le pittoresque costume d'arlésienne — la plus laide serait encore jolie — Pensez alors ce que sont ces plantureuses et fraîches filles des Camargues, avec leur chignon gracieusement relevé sur la tête et enveloppé d'un large ruban de velours noir, plus ou moins brodé de soie, bordé de dentelles plus ou moins riches, suivant la fortune de celle qui le porte ; avec leur fichu de mousseline aux mille plis, évasé sur les épaules et échancré jusqu'à la taille, laissant voir un épiderme transparent sous sa couleur brune ; enfin, avec cette guimpe brodée qui cache mal des charmes à rendre Vénus jalouse.

Et leurs quadrilles ! toute description en est impossible ; ce ne sont que sauts, courses, rondeaux, où l'œil ne voit plus rien, où la tête se perd : c'est un tournoiement continuel et vertigineux auprès duquel la valse n'est qu'un jeu. Tel couple qui, tantôt faisait ses évolutions d'un côté de la salle, s'élance, fend la foule et va continuer la figure du quadrille vingt pas plus loin, pour revenir à sa place un instant après.

Mais danseurs et danseuses devenaient plus nombreux ; la galerie se garnissait d'une foule compacte ; j'avais peine à me préserver des bourrées dont les couples lancés à toute vitesse me gratifiaient trop souvent.

Je jetai un dernier coup d'œil dans la salle pour essayer d'apercevoir mon Mentor ; mais ce fut de toute impossibilité et je me retirai tout mécontent et en me demandant si *Minerve* n'était pas remontée dans l'Olympe en oubliant son *Télémaque*.

VI.

L'USINE. — LE CANAL D'ARLES. — LE MINERAI ET LES AGGLOMÉRÉS. — LE PORT SAINT-LOUIS. — LA JOUTE EN RADE. — UN TROUBLE FÊTE. — UNE SCIE MAGISTRALE. — LES BALLONS PATRIOTIQUES. — CABINET DE TOILETTE BREVETÉ S. G. D. G. — JE MANQUE LA MOUCHE. — RETOUR EN FIACRE. — LE DERNIER VERS DE L'É. NÉIDE APPROPRIÉ A LA CIRCONSTANCE.

Port de Bouc possède une usine assez importante où l'on traite le minerai de plomb, *plomb d'œuvre* ou *argentifère*. Ce minerai arrive de l'Ariége, des Alpes-Maritimes et de l'île de Sardaigne ; il y a quelque temps encore l'Afrique en fournissait une très grande quantité à l'usine de Port de Bouc, mais, depuis un an environ, les Belges qui s'en sont rendus acquéreurs, en ont le monopole.

Le minerai, d'abord concassé et pulvérisé, est traité dans des fourneaux à réverbère où on le chauffe jusqu'à un certain degré de malléabilité, sans toutefois le laisser entrer en fusion. Après cette opération préparatoire, la matière est transportée dans d'autres fourneaux disposés en forme de creuset et chauffés à plus de 330 degrés.

Le minerai en fusion se divise en deux parties ; l'une, le *plomb métallique*, se déjette au fond du creuset, en vertu de sa densité ; l'autre, plus légère et appelée *scories*, s'écoule au fur et à mesure qu'elle se détache du plomb, par une ouverture pratiquée au haut du creuset.

Les scories servent de lest pour les navires.

Arrivés à cette période d'épuration, les lingots de plomb contiennent encore tout l'argent.

Après une opération où le plomb est séparé en deux parties dont l'une est immédiatement livrée au commerce, parce qu'elle ne possède plus ou presque plus d'argent, on soumet la partie riche à la *coupellation*.

La coupellation s'exécute encore dans des fourneaux à réverbère dont la base est creusée en forme de coupe, les lingots de plomb sont disposés au fond sur une couche épaisse et bien battue de cendres lessivées. Pendant la fusion, on dirige un courant d'air froid sur le métal en ébulition ; le plomb s'oxyde tandis que l'argent conserve son état métallique ; l'oxyde de plomb s'écoule par une ouverture latérale et l'argent reste au fond de la *couelle* sous la forme d'un culot brillant.

On me pardonnera, je l'espère, cette digression scientifique, en présence surtout de la promesse formelle que je fais ici de ne plus pêcher.

Le canal d'Arles à Port de Bouc est un des plus petits canaux du midi de la France ; il est pourtant celui, de tout le réseau, qui, par sa proximité de la grande cité commerçante, Marseille, serait appelé à rendre les services les plus importants, n'étaient l'étroitesse et le peu de profondeur de ses trois écluses.

Sur la plus grande partie de son parcours, c'est-à-dire dans la vallée du Rhône, sa largeur est de 20 mètres ; mais à mesure qu'il avance vers la mer et qu'il entre dans la région dite de *la Montagne*, il se rétrécit et n'a plus que 12 mètres d'un quai à l'autre ; quelle que soit sa largeur, sa profondeur n'est que de 1 mètre.

Malgré ces dimensions exigües, le canal d'Arles serait la voie la plus sûre et la plus pratiquée pour les marchandises encombrantes, s'il était possible aux *toues* ou *penelles* du Rhône de parcourir le canal de bout à bout ; mais les écluses sont trop étroites pour leur livrer passage ; alors un transbordement toujours coûteux en temps et en argent devient indispensable.

« Si, me disait mon aimable cicerone, les écluses étaient élargies, tout le transit des charbons, minerais, rails, et le transit des blés s'effectueraient par le canal d'Arles ; 1,500,000 francs tout au plus suffiraient et au-delà ; et l'on ne peut préjuger les services que le temps gagné, les retards supprimés, les sinistres évités rendraient au commerce de Marseille, comme je l'ai dit, et à celui de Port de Bouc.

« Si l'état actuel des choses est maintenu, la prospérité naissante de Port de Bouc périclitera. Naguère encore l'usine du Creuzot tirait le minerai de fer de l'île d'Elbe, en vertu d'un traité ancien déjà passé avec les italiens, et renvoyait en Italie tout ce fer transformé en rails. Rails et minerai passaient à Port de Bouc et constituaient la plus grande partie de son mouvement commercial ; mais ce traité vient d'expirer et, avec lui, pour notre port, l'importation des minerais de l'île d'Elbe et l'exportation des rails.

« Le Creuzot désormais tirera ses minerais de Bône (Algérie) ; ces minerais donnent de 70 à 80 p. 0/0 de fer, tandis que ceux de l'île d'Elbe ne donnent que de 15 à 20 p. 0/0, et cette importation n'aura plus lieu par la voie des canaux et des fleuves.

« Une compagnie de navigation maritime a fait construire des bateaux à vapeur en fer qui sont exclusivement affectés au transport du minerai de l'Algérie ; M. Talabot, directeur du Paris-Lyon-Méditerranée, étant un des plus forts intéressés de cette compagnie de navigation, n'a pas eu grand peine à obtenir pour son chemin de fer le transport de ces marchandises dont le passage a occasionné, jusqu'à ce jour, un grand mouvement dans notre port.

« Il nous restera le transit des charbons agglomérés, mais les transbordements seront toujours un obstacle à l'extension de ce transit.

« Les écluses élargies, malgré la suppression de la plus grande partie du transit des minerais, notre mouvement commercial ne ferait que s'accroître et la construction du Port Saint-Louis, à l'embouchure du Rhône, deviendrait inutile.

« On a déjà dépensé à Saint-Louis, soit pour l'amélioration de l'embouchure du Rhône, soit pour l'ouverture du canal de Saint-Louis, à peu près 4 ou 5 fois plus d'argent qu'il n'en faudrait pour élargir les écluses du canal d'Arles.

« Cet élargissement était pourtant le vrai moyen de résoudre, au profit du plus grand nombre, le problème de la navigation du bas Rhône. On s'est tenu à côté de la question et l'on ne parviendra qu'à vendre haut et en grande quantité les terrains de Saint-Louis et à favoriser une ou deux compagnies de bateaux à vapeur qui trafiquent sur le Rhône, au grand détriment des petites expéditions.

« Le port Saint-Louis, s'il existe jamais, donnera le coup de grâce à la batellerie ; chercher, à grand renfort d'argent et dans un passage dangereux, un port et un canal, lorsqu'à deux pas on a un canal tout fait qui a coûté beaucoup d'argent, et un des ports les plus beaux et les plus sûrs du littoral est une anomalie inexplicable.

« Il est vrai que, pour compléter l'œuvre à Port de Bouc, il faudrait élargir et approfondir le canal dans toute sa longueur ; mais, pour qu'à Saint-Louis, l'œuvre fut complète aussi, il faudrait endiguer le Rhône jusqu'à Arles.

« L'économie et la logique sont toujours de notre côté.

« On ne noierait pas dans les sables du fleuve des millions et des millions, pour n'obtenir, en fin de compte, qu'un mauvais port inabordable et sans abri, où s'engloutiront, puissè-je me tromper, la fortune des armateurs et le gagne-pain des familles de marins.

« C'est en vain que l'on persiste à vouloir modifier et améliorer l'embouchure du Rhône ; le plus habile ingénieur du XIXe siècle, Napoléon Ier, a jugé la position et a fait construire le canal d'Arles à Port de Bouc. »

Si j'ai noté ici les observations de mon cicerone, c'est que je les crois justes, car il a dû s'occuper de la question ; mais n'ayant pas visité les travaux du port Saint-Louis, je ne puis, à mon grand regret, appuyer son opinion de mon opinion personnelle.

Cette conversation avait lieu pendant que nous nous rendions sur la jetée où la foule se portait pour jouir du spectacle de la partie la plus émouvante des réjouissances.

Nos anciens preux, couverts de lourdes armures et armés de toutes pièces, ne trouvaient parmi tous les plaisirs de l'époque, pas de plaisir plus grand que celui des tournois.

Rompre une lance était souvent synonime de passer de vie à trépas : mais on ne s'arrêtait pas à si peu de chose. Mort vaincu, une belle pleurait ; un de ses regards payait largement le vainqueur, écloppé ou non.

De nos jours, on fait encore des tournois, mais ils ne ressemblent en rien aux tournois primitifs. L'arène n'est plus un champ clos, sablé et ratelé : l'arène, c'est la mer ; les montures sont des barques ; les cuirasses, des plaques de liége et les chevaliers, de bons nageurs.

On brise encore des lances, mais il ne s'en suit jamais mort d'homme. Les belles n'ont plus un bel ami à pleurer et le bel ami, vainqueur, ne se contente plus d'un regard pour récompense.

Les tournois enfin se nomment joûtes sur l'eau.

La joûte devait avoir lieu à l'entrée de la rade de Port de Bouc, au dessous de la jetée qui s'était couronnée d'une foule barriolée, friande de ces amusements.

Trente joûteurs étaient inscrits et la joûte promettait d'être longue ; car après s'être tous mesurés les uns avec les autres, tous ceux dont le pied ni la lance n'auraient touché l'eau, devaient se disputer le prix.

Personne n'ignore la disposition des barques à l'arrière desquelles une plate-forme élevée sur deux bras et surplombant la mer soutient le joûteur ; chacun a vu ce preux moderne vêtu de caleçons, la poitrine couverte d'une cuirasse de liége ou de bois, tenant en arrêt une lance armée d'un simple clou ; il est peu de gens qui n'aient vu les deux adversaires, arc-boutés sur leurs jambes, se pencher en avant et se frapper tous deux à la fois. C'est affaire d'équilibre et de jarret.

Je crois donc inutile de décrire les péripéties de cette joûte ; elle ressembla à toutes les joûtes, sauf toutefois un incident assez rare en plein été.

Au moment où les jeux étaient le plus animés, un brouillard tel que je n'en avais jamais vu, si dense qu'on ne distinguait plus rien à dix pas, vint interrompre la fête ; le disque du soleil avait disparu ; une lumière blafarde et diffuse remplaçait la lumière du jour ; en quelques minutes nos vêtements étaient aussi saturés d'eau que si nous avions été surpris par une averse diluvienne.

Enfin, contre toutes prévisions, le brouillard se leva, le soleil reparut et, monté sur un léger esquif en compagnie de mon cicerone, je parcourus la ligne d'embarcations qui formait galerie en face de la jetée.

On me montra M. Barthélemy, le maire présumé de Port de Bouc.

— Mais, demandai-je, pourquoi l'appelez-vous maire, si nul décret encore ne lui a donné ce titre.

— Tout porte à penser qu'il le sera, car l'on doit tenir compte de ce qu'il a fait pour obtenir l'érection de Port de Bouc en commune.

— *Vox populi vox Dei* ; il ne pourra en être autrement si, comme vous me le faites pressentir, chacun ici le désigne au Gouvernement.

— Chacun est le mot, monsieur. La population

tout entière veut le mettre à sa tête ; et depuis que Port de Bouc est commune, on ne le désigne plus par son nom, on l'appelle monsieur le maire.

— C'est très flatteur pour lui.

— Flatteur, oui ; mais, en présence des retards apportés à sa nomination, ces mots : *monsieur le maire* deviennent une *scie* pour M. Barthélemy ; il en souffre et n'ose se révolter contre les effets de la reconnaissance de ses concitoyens. Dès qu'il voit quelqu'un l'aborder, il prend son courage à deux mains et se résigne. Ses amis intimes seuls qui savent ce qu'il endure, s'abstiennent maintenant de l'appeler monsieur le maire. Il faudrait que vous l'entendissiez lui-même lorsqu'il déplore son malheur, vous jugeriez alors à quel point cette *scie* lui agace les nerfs.

Pour en finir avec cette *scie* :

Quelques jours après mon retour à Toulon, je crus devoir écrire à mon obligeant cicerone pour le remercier, et, dans ma lettre, je passai sommairement en revue tout ce qui m'avait frappé à Port de Bouc ; je disais entr'autres choses :

« M. Barthélemy est à plaindre ; non seulement à cause de la longueur des souffrances que lui inflige cette *scie*, mais surtout parce que si le ciel s'affaissait, nous nous trouverions tous dessous et........ M. Barthélemy ne serait pas maire. »

Après ce « *trait d'esprit* » je croyais que l'on devait tirer l'échelle......

Mais, dans sa réponse, mon cicerone me stupéfia.

« La scie dont se plaint M. Barthélemy, me fut-il riposté, devient sous votre plume, une *scie attique* !!!

Se voile la face qui voudra, je trouve le mot charmant.

Le soir, bal encore, mais de *Minerve* point : aussi je résolus de partir le lendemain matin en prenant passage sur la *Mouche* qui descendait d'Arles, et de gagner Martigues par le canal. En conséquence, décidé à passer la nuit au bal et à payer mon tribut aux restes de ma jeunesse, je gagnai mon hôtel, donnai congé, et repris le chemin de la salle de bal.

En revenant je me heurtai contre un rassemblement de curieux ; je m'informai ; j'appris qu'on allait lancer deux ballons.

Ils étaient aux couleurs tricolores, je le constatai avec satisfaction ; j'aime à voir partout les couleurs nationales, sur des ballons surtout, ils les portent haut.

Je dansai et dansai tant qu'à trois heures et demie du matin, lorsque les lampions s'éteignirent, les danseurs s'éloignèrent et le cornet à piston fit entendre sa note d'adieu, je me trouvai seul, sans abri, ayant une heure encore à attendre la *Mouche* et, de plus, les vêtements trempés par la sueur.

L'air du matin était frais et mes vêtements mouillés glaçaient mes épaules. Où trouver un cabinet de toilette ? toutes les portes étaient fermées.

Je pris bravement un parti et, dans un angle formé par deux murailles, à la clarté des étoiles, ayant la voûte céleste pour ciel de lit, je changeai de linge.

A la campagne tout est permis......

Je m'étais proposé d'attendre le passage de la *Mouche* en me promenant ; je comptais sans le sommeil et la fatigue qui, tout doucement, me ramenèrent vers la salle de bal toujours accessible, tout doucement encore me firent étendre sur un banc et me fermèrent les yeux.

Je m'éveillai plus fatigué que jamais, les membres engourdis et tout juste à temps pour voir la *Mouche*, au milieu de la rade, se diriger vers Martigues.

Ah ! *Minerve*, combien j'ai maudit votre abandon.

J'attendis le départ du courrier ; mais arrivé à Martigues, les voitures étaient parties ; et je fus forcé de fréter un fiacre qui, durant deux mortelles heures, me cahota jusqu'à la gare.

Le soir même, j'étais à Toulon.

Au moment où j'allais franchir le seuil du passage qui donne accès de la voie dans la salle des bagages, le train se mit en mouvement pour se diriger vers Nice, je détournai la tête et, à la portière d'un vagon, je vis un mouchoir s'agiter, je reconnus.... *Minerve !*

Elle n'avait pas manqué la mouche, elle.

J'allais m'élancer, mais le train s'ébranla, dépassa la zône éclairée et......

Et Dea cum gemitu fugit, ablas rapta sub umbras.

ERRATA

Page 28, ligne 14, *au lieu de* : ces croisées vides, *lisez* : ces croisées vidos.

Page 52, ligne 13, *au lieu de* : canton d'Itres, *lisez* : canton d'Istres.

Page 57, ligne 15, *au lieu de* : 15 décembre 1865, *lisez* : 6 avril 1866.

Page 57, ligne 27, *au lieu de* : Le Rival, *lisez* : Le Breadolbon.

www.ingramcontent.com/pod-product-compliance
Lightning Source LLC
LaVergne TN
LVHW051457090426
835512LV00010B/2188